BEI GRIN MACHT SICH IHR WISSEN BEZAHLT

AF146207

- Wir veröffentlichen Ihre Hausarbeit,
  Bachelor- und Masterarbeit

- Ihr eigenes eBook und Buch -
  weltweit in allen wichtigen Shops

- Verdienen Sie an jedem Verkauf

Jetzt bei www.GRIN.com hochladen und kostenlos publizieren

Bibliografische Information der Deutschen Nationalbibliothek:

Die Deutsche Bibliothek verzeichnet diese Publikation in der Deutschen National-bibliografie; detaillierte bibliografische Daten sind im Internet über http://dnb.d-nb.de/ abrufbar.

Impressum:

Copyright © 2019 GRIN Verlag
Druck und Bindung: Books on Demand GmbH, Norderstedt Germany
ISBN: 9783668991088

Dieses Buch bei GRIN:

https://www.grin.com/document/493601

Anonym

Die Unterstützer der Flucht. Figuren des Romans zwischen Anpassung und Widerstand in Anna Seghers "Das Siebte Kreuz"

GRIN Verlag

Wissenschaftspropädeutische Seminararbeit
Abiturjahrgang 2018/19
Ausbildungsabschnitt Q12/1
Leitfach: Deutsch
Seminar: Flucht, Vertreibung, Exil – Im Spiegel der Literatur

Flucht aus Qualen und vor Vernichtung
Die Unterstützer der Flucht - Figuren des Romans zwischen Anpassung und Widerstand
in Anna Seghers, „Das Siebte Kreuz"

Inhaltsverzeichnis

1. Vorwort

Ein Roman, der das Leben in einer faschistischen Diktatur unter der erdrückenden Macht der Nationalsozialisten im kleinsten Detail geradezu realitätsnah schildert. Eine Autorin, die am eigenen Leib erfahren hat, wie es ist, ständig bedroht und bespitzelt zu werden und die ihren einzigen Ausweg in der Flucht aus ihrem geliebten Deutschland ins Exil gesehen hat. Eine Handlung, die uns von Anfang an berührt und in ihren Bann zieht. Ein Werk, das wohl für immer eine außerordentlich große Bedeutung haben wird.

Für mich war es von Anfang an klar, einen Roman über das „Dritte Reich" für meine Seminararbeit zu wählen, da ich mich für die nationalsozialistische Diktatur und deren Ideologie unter Adolf Hitler interessiere. Bei meiner Recherche für einen passenden Roman der Exilliteratur bin ich durch einen Zeitungsartikel auf den Klassiker „Das Siebte Kreuz" gestoßen. Es handelte sich um die Ankündigung, dass der bekannte Roman von Anna Seghers im Jahr 2018 im Mittelpunkt des Events „Frankfurt liest ein Buch" stehen wird.

An Anna Seghers faszinierte mich von Anfang an, dass ihr als Frau zu Zeiten des Nationalsozialismus ein derart großer Welterfolg mit ihrem Roman „Das Siebte Kreuz" gelungen ist, der heute, 81 Jahre nach dem Erscheinen, immer noch aktuell ist. Insbesondere beeindruckten mich ihre Schreibweise und ihre bemerkenswerte Fähigkeit, sich in die Romanfiguren hineinzuversetzen und ihre Gefühle bis ins kleinste Detail zu schildern.

Das Besondere an ihrem Roman „Das Siebte Kreuz" ist, dass jeder der den Roman heutzutage liest, sich ein Bild des nationalsozialistischen Deutschlands und dessen Bevölkerung im Jahr 1937 bilden kann.

Denn das Gefährlichste ist und bleibt über das bisher dunkelste Kapitel der deutschen Geschichte zu schweigen, zu verdrängen und schließlich zu vergessen. Die Autorin schafft es durch die spannende Fluchthandlung diesem Vergessen entgegen zu wirken, um nachfolgende Generationen zu erinnern wie wichtig es ist, die Fehler der Vergangenheit nicht zu wiederholen und aufs Stärkste zu vermeiden. Deutschland hat daher mehr als jedes andere Land die Pflicht, eine angemessene Erinnerungskultur zu schaffen und zu bewahren.

Schon während dem Lesen des ersten Kapitels zog mich die bewegende Romanhandlung in ihren Bann und ich merkte, wie ich mit den Charakteren mitfieberte. Und plötzlich taucht man selbst in das Romangeschehen ein. Man merkt, wie man Empathie für die Romancharakatere empfindet, mitfiebert und inständig hofft, dass sie nicht von den Nationalsozialisten entdeckt und verhaftet werden. Man kann sich plötzlich, durch bloße Worte, das nationalsozialistische Deutschland vor Augen führen. Man sieht geradezu bildlich, wie der Protagonist auf seiner riskanten Flucht aus einem Konzentrationslager sich durch den nebeligen Wald schleicht, ständig in der Gefahr entdeckt zu werden.

2. Historisch-Biographische Bezüge

2.1 Zeitgeschichtlicher Hintergrund

Ohne Illusionen schildert Anna Seghers[1] in ihrem Roman „Das Siebte Kreuz" das Alltagsleben im faschistischen Deutschland des Jahres 1937, das nach dem Machtaufstieg Hitlers 1933 zu einem „System von lebenden Fallen"[2] pervertierte. Der Nationalsozialismus war weit mehr als eine Partei - er verstand sich als Weltanschauung, die auch den letzten Winkel des öffentlichen und privaten Lebens gestalten und kontrollieren wollte. Systematisch wurde Deutschland in einen "Führerstaat" umgebaut, andere Parteien verboten, Regimekritiker, Juden und weitere Minderheiten verfolgt, entrechtet und kaltblütig ermordet.

Partei und Staat waren nicht mehr zu unterscheiden und Hitler stieg zum faktischen Alleinherrscher auf.

Kurz nach der Machtübernahme war der nationalsozialistische Staat stabilisiert – der blutige Terror der Straßen war der geheimen Gewalt der Konzentrationslager gewichen, Arbeitslosigkeit war aufgrund von Zwangsdiensten und zahlreichen Inhaftierungen verschwunden und die Lebensverhältnisse waren weitgehend verbessert. Das verbrecherische Regime war von der breiten Mehrheit der Bevölkerung akzeptiert worden, ganz nach dem Wunsch Hitlers, den er vier Jahre zuvor formulierte. Er prophezeite in seiner Rede vom 10. Februar 1933, „dass noch einmal die Stunde kommt, in der die Millionen die uns heute hassen [...], mit uns [...] das gemeinsam geschaffene, mühsam erkämpfte [...] deutsche Reich [...] begrüßen werden"[3].

2.2 Leben und Wirken von Anna Seghers im Exil

Netti Reiling (1900-1983), in Mainz geboren, schrieb unter dem Pseudonym Anna Seghers[4] und flüchtete im Jahr 1933 aus Deutschland, nachdem sie schon einmal kurzzeitig von der Gestapo verhaftet worden war, unter ständiger Bewachung gestanden hatte und ihre Werke im Zuge der Bücherverbrennung verboten worden waren. Als Jüdin und überzeugte Kommunistin doppelt bedroht, emigrierte sie über die Schweiz nach Frankreich, wo sie sechs Jahre ihrer Exilzeit verbrachte. Während ihres Aufenthalts in Paris arbeitete sie an ihrem bekanntesten Roman „Das Siebte Kreuz", der in der Anfangszeit des deutschen Faschismus vor Ausbruch des Zweiten Weltkriegs im Herbst 1937 spielt und ihren Weltruhm begründet.

---

[1] Siehe Anhang, Abb. 1
[2] Merklin, W., Zwischenspiel im exemplarischem Realismus, in: Eugen, K./ Dirks, W. (Hg.), Frankfurter Hefte, Frankfurt 1952, S. 149
[3] Stern (Hg.), Die Macht der Rethorik, in: https://www.stern.de/politik/geschichte/sportpalast-rede-die-macht-der-rhetorik-3350756.html, Zugriff vom 03.10.2018
[4] Siehe Anhang, Abb. 2

1941 floh Anna Seghers während des Einmarschs der deutschen Truppen in Paris erneut und hielt sich für weitere acht Jahre in Mexiko auf, bevor sie 1947 nach Ostberlin zurückkehrte, wo sie weiterhin ihrer Idee von Sozialismus und Kommunismus treu blieb. Sie begründete ihre Heimkehr, mit der Intention, das Denken der deutschen Bürger*innen zu verändern, da sie „in der Sprache, die sie am besten [sprach], für die Menschen, die [sie] sowohl im Guten als auch im Schlechten am besten [kannte], das meiste tun [konnte]“[5].

Wie auch andere Emigranten, befand Seghers sich zunächst in einem „vagen Zustand, den [sie erst] für ein Zwischenstadium [hielt und] auf baldige Heimkehr [hoffte]“[6]. Doch auch für sie dauerte der Exilaufenthalt lange und wurde zu einer schweren Zeit, in der sie alle Stadien der Emigration - Flucht, Heimatlosigkeit, Zensur, Kämpfe und Heimweh - durchlebte[7].

Ihr Hauptziel während ihres Aufenthalts im Exil war, durch ihre Werke das Wissen um die Widerstandskraft des Menschen lebendig zu erhalten und weiterzugeben. Sie rief dazu auf, den „Hauptfeind, den Faschismus, [mit] [...] allen physischen und intellektuellen Kräften“[8] zu bekämpfen, um eine „starke vielfältige antifaschistische Kunst [aufrecht zu erhalten], an der alle teilhaben [sollten], die als Antifaschisten und Schriftsteller dazu qualifiziert sind“[9]. „Es gibt keine Neutralität. Für niemanden. Und am wenigsten für Schriftsteller. Auch wer schweigt, nimmt am Kampf [teil]. Wer erschreckt und betäubt von den Ereignissen in ein nur privates Dasein flieht, wer die Waffe des Wortes als Spielzeug oder Schmuck verwendet, wer abgeklärt resigniert, der verdammt sich selbst zu sozialer und künstlerischer Unfruchtbarkeit und räumt dem Gegner das Feld.“[10]

Anna Seghers fühlte sich vor allem während ihrer Exilzeit dazu berufen, mit ihren Werken auf die Zustände in Deutschland Einfluss zu nehmen, indem sie sich als Mensch und Schriftstellerin politisch engagierte. „Was hat unsere Freiheit für einen Sinn, wenn wir nicht immer wieder die Namenslosen nennen, wir, die [...] reden und schreiben können?“[11]

Für sie konnte Literatur „das Leben auf eine besondere Weise erklären, durchschaubarer machen, schöner und lebenswerter [gestalten], da sie den Menschen [lehrt] standhafter [zu sein].“[12]

So beteiligte sie sich in Paris am Zusammenschluss der „Antifaschistischen Künstler“ und an der Neugründung des „Schutzverbandes Deutscher Schriftsteller“. Für Seghers stand das Exil ganz im Zeichen des antifaschistischen Kampfes, an dem sie sich unter anderem mit Artikeln für die Zeitschrift „Neue Deutsche Blätter“[13] beteiligte, die ausdrücklich das „Wort als Waffe“[14] gegen das Hitler-

---

[5] Thomas, L., Das Interview. Anna Seghers in Berlin, in: o.H., Sonntag. Nr. 17, Berlin 1947, S. 2
[6] Brecht, B., Wahrnehmung, in: Gesammelte Werke Band 10, Frankfurt am Main 1967, S. 960
[7] Neugebauer, H., Anna Seghers. Leben und Werk, Westberlin 1978, S.41
[8] Seghers, A., Aufsätze, Ansprachen, Essays 1927-1953, Berlin 1984, S.77
[9] Ebd., S. 77
[10] Herzefeld, W./ Graf, O. M./ Seghers, A., Neue Deutsche Blätter. Monatszeitschrift für Literatur und Kritik Nr. 1, Prag 1933, S. 3
[11] Zehl-Romero, C., Anna Seghers, Hamburg 2001, S. 66
[12] Roscher, A., Wirklichkeit und Phantasie. Fragen an Anna Seghers, in: Roscher, A. (Hg.), Also fragen Sie mich. Gespräche, Leipzig 1983, S. 57
[13] Siehe Anhang, Abb. 3
[14] Zehl-Romero, C., Anna Seghers. Eine Biographie 1900-1947, Berlin 2000, S. 281

Regime verwendete. Die Publikationen hatten das klare Ziel einen politischen Zusammenschluss der vertriebenen Antifaschisten zu bewirken und gleichzeitig die deutsche Bevölkerung über den „Klassencharakter"[15] des NS-Staates aufzuklären.

Sowohl Kritik und Selbstkritik als auch Sehnsucht nach der fernen Heimat und der feste Glaube an einen grundsätzlichen Zusammenhalt aller Hitlergegner, bestimmen in Seghers Exilzeit das Deutschlandbild, das sie in ihren Werken der dreißiger Jahre entwirft.

2.3 Bedeutung des Romans in der Literatur

„Das Siebte Kreuz" gilt als der Roman „gegen die Diktatur schlechthin"[16] und wird zu den bedeutendsten Werken der deutschen Literatur als „der weitaus beste Roman über das faschistische Deutschland"[17] gezählt. Unter anderem weil es „das einzige epische Werk der gesamten Exilliteratur [ist], in dem nicht nur mit gerechtem Zorn Partei genommen wird, sondern - aus der Ferne - ein menschlich glaubhaftes Bild des verfinsterten Deutschland gelungen ist"[18].

Bereits 1939 wurde das erste Romankapitel in der Moskauer Zeitschrift „Internationale Literatur" publiziert. Der komplette Roman wurde schließlich im Jahr 1942 in den USA in englischer Sprache und vom mexikanischen Exilverlag „El Libro Libre" in deutscher Sprache gedruckt. Erst 1946 wurde der Roman schließlich in Deutschland durch den Aufbau-Verlag[19] veröffentlicht und gewann kurz darauf zahlreiche deutsche Literaturpreise. Im Jahr 1943 wurde der Roman unter dem Titel „The Seventh Cross" in Amerika erfolgreich verfilmt.

Für viele deutschen Schriftsteller*innen und Vertriebene, die aufgrund der faschistischen Diktatur ins Exil flohen und ihre Heimat verloren, gilt „Das Siebte Kreuz" als wichtigstes literarisches Mittel des Widerstands. Alle Leser*innen, wo immer sie waren, sollten das Deutschland, das Anna Seghers zeichnete, gefühlsmäßig verstehen und die unbedingte Notwendigkeit des Kampfes gegen den Nationalsozialismus erkennen. Denn „wer dieses Buch liest ist nicht allein. Er ist mitten in Deutschland, unter Gefährten, lebenden oder toten"[20].

Obwohl in dem Roman sowohl historische als auch gesellschaftliche Vorgänge erfasst werden, geht es Anna Seghers nicht um die bloße Wiedergabe realer Geschehnisse, sondern viel mehr um die Differenz zwischen Wirklichkeit – die scheinbare Allmacht der Nationalsozialisten – und Hoffnung – der kleine Sieg über den Faschismus. Die gelungene Flucht eines KZ-Häftlings wird somit zum Sinnbild der Überwindung jedes diktatorischen Regimes und verleiht dem Roman Zeitlosigkeit.

---

[15] Batt, K., Anna Seghers. Versuch über Entwicklung und Werke, Frankfurt am Main 1980, S. 80
[16] Reich-Ranicki, M., Literarischer Schutzwall gegen die DDR, in: Die Zeit vom 10.8.1962
[17] Lukács, G., Skizze einer Geschichte der neuen deutschen Literatur, Berlin 1953, o.S.
[18] Seghers, A., Das Siebte Kreuz. Ein Roman aus Hitlerdeutschland, Berlin 1946[39], S. 2
[19] Siehe Anhang, Abb. 4
[20] Mayer, P., Das Siebte Kreuz, in: Hilzinger, S. (Hg.), Das Siebte Kreuz von Anna Seghers. Texte, Daten, Bilder, Frankfurt am Main 1990, S. 173

Der Autorin gelingt es, eine faszinierende Balance zwischen Fiktion und Authentizität zu halten, bis „das mythische Element mit dem realen Grundstoff [...] eine unlösbare Verbindung"[21] eingeht. In ihrem Deutschlandbild stehen sich das fiktive Konzentrationslager Westhofen, angelehnt an das reale KZ Osthofen[22], und der authentische Faschismus gegenüber, die den Roman zu einem literarischen Kunstwerk machen. Anna Seghers spricht selbst ausdrücklich davon, dass „Das Siebte Kreuz" zugleich „wahr" und „erfunden" ist und sich deshalb alles, „was in dem Buch geschieht [...] [sich] in Wirklichkeit auch begeben haben [...] kann"[23].

„Das Siebte Kreuz" gilt als ein bedeutender „Denkstein"[24] für alle Opfer des Nationalsozialismus, deren „Gedächtnis sonst nur unvollkommen oder gar verunstaltet"[25] erhalten bleiben würde.

3. Analyse und Interpretation des Romans

3.1 Kurzer inhaltlicher Überblick

Im Oktober 1937 gelingt es sieben Häftlingen aus dem Konzentrationslager Westhofen zu entkommen. Daraufhin lässt der Lagerkommandant Fahrenberg sieben Platanen fällen und als Marterkreuze[26] für die Geflohenen aufstellen, die gleichzeitig als Abschreckung und Verhöhnung der übrigen Insassen dienen sollen. Nur einer der Flüchtlinge, der Kommunist Georg Heisler, findet nach unsäglichen Mühen und Entbehrungen den Weg in die Freiheit jenseits der deutschen Grenze. Seine Flucht gelingt nur durch die Hilfe verschiedener Menschen, die sich entscheiden müssen zwischen Verrat und Treue, egoistischer Abkehr und Mitmenschlichkeit, Denunziation und Solidarität.

Die sechs anderen Geflohenen müssen ihre Flucht mit dem Leben bezahlen. Das siebte Kreuz aber bleibt leer und wird somit zum Symbol des Widerstandes und der Hoffnung.

3.2 Titelmetapher und Widmung

Schon der Titel des Romans mit der auffallenden Zahl Sieben und dem religiösen Sinnbild des Kreuzes weist einen symbolischen Charakter auf. Das leer gebliebene Kreuz erinnert an die christliche Passionsgeschichte und steht zugleich im Gegensatz zu ihr. Es symbolisiert nicht märtyrerhafte Duldung, sondern eigenständiges, mutiges Handeln, das die solidarische Unterstützung anderer benötigt, um erfolgreich zu sein.

---

[21] Wolf, C., Nachwort, in: Seghers, A. (Hg.), Das Siebte Kreuz, Berlin 1964, S. 413ff
[22] Siehe Anhang, Abb. 5
[23] Seghers, A., Zum Schulfunk (Das Siebte Kreuz), Typoskript, Berlin o.D.
[24] Seghers, A., Briefe an Jan Fontain, 24.02.1936, o.S.
[25] Ebd., o.S.
[26] Siehe Anhang, Abb. 6

Das Kreuz, Symbol der Erlösung durch den Opfertod, Symbol des Heils, aber auch des Todes und des Folterinstruments schlechthin, wird im Laufe der Romanhandlung zum Symbol des Lebens, der Hoffnung und des partiellen Triumphes der Antifaschisten. Denn so viele Opfer der Kampf gegen das nationalsozialistische System auch fordert, die Zukunft wird durch den „Sieg des Lebens"[27] bestimmt. Nicht die Passion, sondern zahlreiche menschliche Aktionen sind es, die letztendlich zukunftsbestimmend sind.

Zudem erweitert die Verknüpfung des religiösen Kreuzsymbols mit der magischen Zahl Sieben den mythologischen Deutungsraum des Titels und verleiht dem Romangeschehen eine zusätzliche Dimension. Die auffallende Zahl Sieben spielt in nahezu allen Weltkulturen eine bedeutende Rolle und gilt als das Symbol der Vollkommenheit. Sie spiegelt sich in den sieben Flüchtlingen, den sieben Kreuzen, den sieben Fluchttagen und gliedert die Handlung in sieben Kapitel.

Anna Seghers widmet ihren Roman explizit den „toten und lebenden Antifaschisten" mit der Absicht, all denen ein Denkmal zu setzen, die sich von den Nationalsozialisten nicht vereinnahmen und blenden ließen, sondern ihre Menschlichkeit und den Willen zum Widerstand bewahren konnten. Doch wie definierte die Autorin den breit gefächerten Begriff „Antifaschismus"?

Ist Antifaschismus ein kommunistisches Propagandawort für die sich gegen den Nationalsozialismus richtende politischen Strömungen[28]?

Oder versteht man darunter eine gegen die Politik und Ideologie des Faschismus gerichtete Bewegung, die auch politisch nicht organisierte Systemgegner einschließt[29]?

Nach der ersten Definition zählen zu den Antifaschisten ausschließlich diejenigen, die in politisch illegal organisierten Gruppen gegen den nationalsozialistischen Staat aktiv vorgehen. So gesehen wäre der Roman überwiegend an Kommunisten wie die Flüchtlinge Ernst Wallau und Georg Heisler gerichtet, die aufgrund ihrer Gesinnung verhaftet wurden oder an Figuren wie Fiedler, die ihre politischen Verbindungen wieder aktivieren, um Heisler zu helfen.

Doch was ist mit all den anderen couragierten Handlungen, durch die Georgs Flucht letztendlich geglückt ist? Sind nicht auch gerade die kleinen, meist unscheinbaren Gesten der Solidarität und Humanität einfacher Menschen Widerstand gegen das faschistische Regime?

Durch die spezielle Intention der Autorin, die gesamte Struktur des deutschen Volkes aufzurollen, ergibt sich der Eindruck, dass Anna Seghers ihren Roman nicht nur den kommunistischen Widerstandskämpfern widmen wollte, sondern vor allem auch den „Kleinen und Stillen im Lande"[30]. Die bedeutungsstarke Widmung gilt somit auch den „kleinen" Antifaschisten, den „einfachen Menschen, die von Politik nicht viel verstehen und die Zusammenhänge oft nicht durchschauen, die

---

[27] Diersen, I., Das Siebte Kreuz, in: Weimarer Beiträge Heft 12, Berlin 1972, S. 117f
[28] Schütz, W., Lexikon Deutsche Geschichte im 20. Jahrhundert, Rosenheim 1990, S. 19
[29] Bartel, H., Wörterbuch der Geschichte, Berlin 1983, S. 41
[30] Kuschel, K.-J., Jesus in der deutschsprachigen Gegenwartsliteratur, Zürich 1978, S. 137

aber ohne politisches Motiv aus einem elementaren Gefühl der Menschlichkeit heraus ihre Hilfe nicht verweigern"[31].

3.3 Aufbau und Struktur

Der Roman setzt sich aus sieben Kapiteln zusammen, die sich in insgesamt 44 Abschnitte mit circa 130 Episoden untergliedern. Eine kurze Rahmenhandlung am Anfang und am Schluss bildet das formale Gerüst des Romans, während Rückblenden, Dialoge und innere Monologe wesentliche Bestandteile der literarischen Montagetechnik darstellen.

Von verschiedenen Ausgangspunkten her werden mehrere Handlungsstränge, untergliedert in einzelne Episoden, parallel geführt, wobei sie teils miteinander kontrastieren, sich berühren und überschneiden. Den Haupthandlungsstrang, mit dem alle anderen Handlungsebenen verknüpft sind, bildet die Flucht von Georg Heisler, dessen Ausbruch als einziger lückenlos dokumentiert wird und als Zentralmotiv den Roman durchzieht.

Zunächst lässt sich der Roman in drei Zeitebenen gliedern: Die Binnenhandlung, die Flucht der sieben Lagerinsassen im Oktober 1937; die Rahmenhandlung, bestehend aus Prolog und Epilog; und eine Zeitebene in der unmittelbaren Gegenwart der Häftlinge. Die Handlungszeit ist jedoch klar gegliedert, da jedem Fluchttag ein Kapitel gewidmet ist und die Flucht jeweils an einem Montagmorgen beginnt und endet.

Die Binnenhandlung präsentiert der auktoriale Erzähler, der eine übergeordnete epische Stellung einnimmt, die ihn bewusstseinsmäßig als einen aus dem Lager Befreiten erscheinen lässt trotz seines fortgesetzten Inhaftiertseins[32]. Er teilt den Leser*innen mit, was gleichzeitig an verschiedenen Handlungsorten geschieht und durchsetzt seinen Bericht mit inneren Monologen und erlebter Rede, die Einblick in die facettenreichen Romanfiguren geben.

Sowohl im Prolog, der das Ende des Romans schon vorwegnimmt, als auch im Epilog wendet Anna Seghers die personale Erzählperspektive an. Durch die kollektive „Wir-Form", die Stimmen der Lagerinsassen, wird der Leser in die Geschichte der Flucht eingeführt und hat die Möglichkeit diese mit den Augen der Verfolgten zu sehen.

Die Flucht bildet den roten Faden im Roman „Das Siebte Kreuz" und ermöglicht den Leser*innen, in Kombination mit den wechselnden Erzählperspektiven, sich an verschiedenen Orten in unterschiedliche Menschen und Gedankenwelten hineinzuversetzen.

Heislers Fluchtweg[33] führt ihn von Westhofen über Oppenheim nach Mainz, gleichzeitig auch Anna Seghers Heimatstadt, weiter nach Niederrad und Grießheim bis in die Frankfurter Innenstadt. Von

---

[31] Ebd., S. 137
[32] Beiken, P., Anna Seghers: Das Siebte Kreuz. Das Abenteuer vom gefährlichen und gewöhnlichen Leben, in: (o.H.), Interpretationen: Romane des 20. Jahrhunderts Band 1, Stuttgart 2005, S.352
[33] Siehe Anhang, Abb.7

Frankfurt aus setzt er seine Flucht über die Riederwaldsiedlung bis wieder nach Mainz fort, wo schließlich das rettende Schiff nach Holland wartet.

Dieser Handlungsraum des Romangeschehens ist realer und exemplarischer Raum zugleich: realer Raum, weil sich das, was dort fiktional geschieht auf der Landkarte verfolgen lässt und exemplarischer Raum, weil Ähnliches sich an einer Vielzahl anderer Orten in Deutschland als wirkliches Geschehen ereignet hat.[34]

4. Personen und ihre Rolle

4.1 Georg Heisler als wichtiger Protagonist

Im Roman „Das Siebte Kreuz" ist, wenn man von der Fluchtgeschichte als wichtigstes strukturbildendes Element ausgeht, Georg Heisler der Protagonist, „also sein Held"[35]. Die Nationalsozialisten verhafteten den dreißigjährigen ehemaligen Automechaniker wegen seiner kommunistischen Gesinnung, vielleicht auch um zu zeigen, „wie man einen baumstarken Kerl [leicht] umlegt. Aber das Gegenteil passierte, [denn] sie haben [...] nur gezeigt, dass es nichts gibt, was seinesgleichen umleg[en] [kann]"[36]. Heisler ist der Einzige, dem die Flucht aus dem Konzentrationslager Westhofen gelingt und es ist davon auszugehen, dass er es schließlich über die deutsche Grenze schafft, indem er mit einem Schiff nach Holland übersetzt. Trotz dieser starken Fokussierung, die Georg Heisler strukturell zur Hauptfigur der Handlung macht, ist er nicht als positiver Held konzipiert. Genau das entspricht der Intention der Autorin, die ins Zentrum des Romans nicht einen Einzelnen stellt, sondern an dem Ereignis der Flucht die ganze Struktur des deutschen Volkes aufrollen wollte.

Georg ist ein Mensch mit charakterlichen Fehlern und Schwächen, die nicht beschönigt werden sollen, denn „ das bringt wohl den Leser dazu, dass er fühlt, dass auch ein Mensch, der nicht ganz auf der Höhe war [...], im entscheidenden Augenblick heroisch wirken [kann]."[37] Obwohl er weder die Merkmale eines typischen Helden noch einer politischen Vorbildfigur erfüllt, verfolgt er seine Ziele willensstark und mit einer eisernen Beharrlichkeit, wobei er zunächst Schwierigkeiten hat, sich in der fremd gewordenen Welt zurechtzufinden und die Menschen richtig einzuschätzen. Doch im Laufe der Flucht agiert er bedachter und vorsichtiger, eher bereit auf die Hilfe zu verzichten, als seine Mitmenschen dadurch in Gefahr zu bringen.

Heisler flüchtet nicht aus dem Lager, um den Nationalsozialisten bewussten und aktiven Widerstand zu leisten, sondern vielmehr aus persönlichen Motiven. Genau wie die anderen sechs Häftlinge will

---

[34] Tischer, H., Anna Seghers: Das Siebte Kreuz, in: Lehmann, H. (Hg.), Deutsche Romane von Grimmelshausen bis Walser. Interpretationen für den Literaturunterricht Band 2, Königstein 1982, S. 315
[35] Elsner, U., Anna Seghers. Das Siebte Kreuz, München 1999, S. 78
[36] Seghers, A., Das Siebte Kreuz. Ein Roman aus Hitlerdeutschland, Berlin 1946[39], S. 72
[37] Seghers, A., Aus dem Briefwechsel der Autorin, in: Weimarer Beiträge, Berlin 1970, o.S.

auch er den Qualen und der Folter des Konzentrationslagers entkommen. Heisler kämpft zu Beginn seiner Flucht nur ums nackte Überleben, vergleichbar mit „ein[em] Tier, das in die Wildnis ausbricht [...], [während] Blut und Haare [...] [noch] an der Falle [kleben]"[38]. Sein Fluchtweg führt ihn vom ersten Moment an zu seiner ehemaligen vertrauten Freundin Leni, bei der er hofft, Unterstützung zu bekommen, die sie ihm letztendlich aber verweigert.

Erst im Laufe der Flucht, als er kein konkretes Ziel mehr vor Augen hat, formuliert er immer mehr seinen eigentlichen Wunsch, dem Menschenglück zu dienen. Sein Ziel ist es, im Spanischen Bürgerkrieg mitzukämpfen, um die Volksfrontrepublik aktiv gegen die von Hitler unterstützten Truppen unter General Franco zu verteidigen. Georg ist sich durchaus bewusst, dass er im Krieg „einen Bauchschuss abkriegen [könnte], der auch nicht angenehmer ist wie die Tritte von diesen Banditen in Westhofen und doch wär[e] [es ihm] dort ganz anders zumute"[39].

Dieser Wandel in Georg Heisler, der nun den Sinn seiner Rettung erkennt, ist das Ergebnis einer Veränderung, die mit ihm geschehen ist.

4.2 Die Sieben Flüchtlinge – Opfer des Nationalsozialismus

Die Sieben Flüchtlinge, die unterschiedlichen sozialen und gesellschaftlichen Schichten angehören und aus verschiedenen Gründen verhaftet wurden, lassen darauf schließen, dass die Nationalsozialisten ihre Gleichschaltungspolitik radikal durchsetzten. Die Flüchtlinge veranschaulichen, dass jeder, der dem faschistischen Regime in jeglicher Weise aufgrund religiöser, politischer, ethnischer oder anderer Gründe missfiel, ständig in Gefahr war und zu jedem Zeitpunkt verhaftet werden konnte.

Nicht nur kommunistische Funktionäre wie Ernst Wallau und Georg Heisler wurden in Schutzhaft genommen, sondern auch politisch indifferente Kleinbürger, wie der Künstler Belloni und der Ladenbesitzer Füllgrabe. Des Weiteren konnte es auch Intellektuelle wie Eugen Pelzer, einen ehemaligen Bürgermeister, und einfache Bauern wie Aldinger jederzeit unerwartet treffen.

Während Beutler, ein jüdischer Lebensmittelverkäufer, und Pelzer noch am Fluchttag wieder eingefangen werden, stirbt Aldinger bei Ankunft in seinem Heimatdorf eines natürlichen Todes. Belloni stürzt sich nach einer spektakulären Verfolgungsjagd mit „einer kühnen Ruhe"[40] von einem Hausdach in den Tod und entrinnt somit den qualvollen Verhören der Nationalsozialsten. Obwohl er „keine Hoffnung mehr [hat]"[41] und mit seinem Schicksal schon längst abgeschlossen hat, will Belloni auch auf diesem „letzten Wegstück [...] seine Freiheit verteidigen"[42] und sich nicht zurück in die Gefangenschaft des Konzentrationslagers begeben.

So bleibt, genau genommen, nicht nur das siebte Kreuz leer. Die Sterbensart Aldingers ruft wie der Freitod Bellonis Assoziationen an Heimkehr und Freiheit hervor und verleiht dem Tod in Kontrast zu

---

[38] Seghers, A., Das Siebte Kreuz. Ein Roman aus Hitlerdeutschland, Berlin 1946[39], S. 22
[39] Ebd., S. 372
[40] Seghers, A., Das Siebte Kreuz. Ein Roman aus Hitlerdeutschland, Berlin 1946[39], S. 105
[41] Ebd., S. 106
[42] Ebd., S.106

einer qualvollen Folter im KZ die Qualität von Würde und Selbstbestimmtheit. Genau wie Wallau und Heisler scheinen sowohl der eigensinnige Bauer Aldinger, als auch der undurchschaubare Belloni den Nationalsozialisten moralisch überlegen zu sein.

Füllgrabe, ein wohlhabender Kaufmann, stellt sich am vierten Tag freiwillig der Gestapo, in der trüglichen Hoffnung durch Kooperation mit den Faschisten sein Leben zu retten.

Ernst Wallau[43], kommunistischer Funktionär und ehemaliger Reichstagsabgeordneter der KPD, symbolisiert im ganzen Roman die Rolle des Lehrers, hat aber auch eine bedeutende Vorbildfunktion und gilt als „Vater der Flucht". Er wird von einem Genossen verraten, von den Nazis qualvoll verhört und schließlich zu Tode geprügelt. Für die Nazis jedoch ist er eine „uneinnehmbare Festung"[44], sie können ihn zwar psychisch vernichten, aber nicht moralisch brechen[45]. Wallau trägt Züge eines Märtyrers, denn er lässt sich durch keine Drohungen und kein Leiden von seiner kommunistischen Weltanschauung abbringen. So geht Wallau in den Tod, weil er sich selbst und seinem Glauben treu bleiben möchte und ihm letztendlich die Ehre seiner Partei am wichtigsten ist.

Die sieben Flüchtlinge repräsentieren einen soziologischen Querschnitt durch die deutsche Gesellschaft während des Nationalsozialismus und stehen stellvertretend für alle Opfer der faschistischen Diktatur. An diesen Flüchtlingen schildert Anna Seghers realitätstreu die Machtfülle und Grausamkeit des perfiden Terrorsystems und es gelingt ihr, die Ohnmacht des Einzelnen plastisch zu erfassen.

4.3 Die Unterstützer der Flucht von Georg Heisler

Anna Seghers rollt am Ereignis der Flucht einen breiten Querschnitt der Gesellschaft auf und geht besonders auf die Struktur des einfachen Volkes ein. Anstatt sich um die mächtigen Herrscher und vermeintlichen Sieger zu kümmern, schenkt Anna Seghers vor allem den Opfern und Verlierern der faschistischen Diktatur, die in den Geschichtsbüchern namen- und gesichtslos geblieben sind, ihre Aufmerksamkeit.

Obwohl im Personenverzeichnis nur 32 Figuren aufgeführt sind, kommen noch über 100 weitere hinzu, denen Heisler auf seinem Fluchtweg begegnet oder die ausschließlich der atmosphärischen Darstellung dienen. Die Flucht gelingt letztendlich nur, weil zahlreiche Personen Georg aus verschiedenen Motiven direkt oder indirekt unterstützen. Im Folgenden werden nur die wichtigsten Charaktere genannt, die eine essentielle Helferrolle bei der Flucht einnehmen oder eine interessante moralische Entwicklung durchlaufen.

---

[43] Siehe Anhang, Abb. 8
[44] Seghers, A., Das Siebte Kreuz. Ein Roman aus Hitlerdeutschland, Berlin 1946[39], S., 183
[45] Elsner, U., Anna Seghers. Das Siebte Kreuz, München 1999, S. 85

4.3.1 Die Hauptfiguren

Heislers Jugendfreund Paul Röder, ein gewöhnlicher Arbeiter und Kleinbürger, der vor Georgs Auftauchen ein idyllisches Familienleben führt, gilt als wichtigster Unterstützer der Flucht. Der politisch Desinteressierte hat keine Schwierigkeiten sich mit dem nationalsozialistischen System zu arrangieren und genießt unbekümmert die sozialen Vergünstigungen des Staates für kinderreiche Familien. Röder ist kein Antifaschist und verfolgt keine weltanschaulichen Ziele, sondern ist ein Mann des geregelten Alltags[46].

Als der geflohene Georg bei ihm um Unterschlupf bittet, nimmt er diesen aus schlichter Freundschaft, Mitgefühl und menschlicher Anständigkeit sofort auf, auch wenn er dessen politische Anschauung nicht nachvollziehen kann. Durch die illegale Beherbergung des Flüchtlings verändert sich auch seine Frau Liesel von blinder Anpassung zum Widerstand, da sie nun erkennt, dass häusliches Glück nicht alles ist. Sie erkennt plötzlich, „was eine Scheinwelt sein kann, ein fälschlich zurückgekehrter Paul, der kein Paul mehr ist, eine Familie, die dann auch keine Familie mehr sein kann [und] ein gemeinsames Leben Jahre hindurch [...], das [schon] längst aufgehört hat, ein Leben zu sein"[47].

Röder ist es, der mit Klugheit und Umsicht die entscheidenden Fäden zu den kommunistischen Kollegen Hermann und Fiedler sowie zu seiner Tante, die schließlich Georg nichtsahnend bei sich unterbringt, knüpft. Die zahlreichen Situationen in denen er entscheiden muss, wem er vertrauen kann und wem nicht, schärfen seinen Blick für sein Umfeld und er wird sich seiner eigenen Person bewusst. Je länger er Heisler unterstützt, desto misstrauischer wird er gegenüber seinen Mitmenschen, denn der Flüchtling wird ihm „das Kostbarste, was er je auf Erden besaß"[48]. Erst der Besuch von Georg und seine neu errungenen Erfahrungen durch das Verhör der Gestapo führen Röder dazu, dass er die Brutalität und Gefahr der faschistischen Diktatur durchschaut.

Fiedler, ein älterer Arbeiter, der lange Zeit in der proletarischen Bewegung tätig war, findet durch die Flucht Georgs neuen Ansporn, gegen das NS-Regime zu kämpfen und „die alten Fäden"[49] des kommunistischen Untergrunds wieder zu knüpfen. Gemeinsam mit seiner Frau, Grete Fiedler, nimmt er Kontakt mit der verdeckt arbeitenden, kommunistischen Partei auf und organisiert die weitere ausschlaggebende Fluchthilfe für Heisler. Er beschafft ihm alle nötigen Papiere und fädelt mit seinem Genossen Hermann einen weiteren Aufenthalt bei Familie Kreß ein, wodurch beide zu einem wichtigen Bindeglied der gelungenen Flucht werden.

Durch die Konfrontation mit der Flucht werden bei dem Ehepaar Fiedler längst vergessene Erinnerungen an ihre politische Arbeit während der Weimarer Republik geweckt, die bei beiden eine innere Kraft hervorrufen und sie wieder den längst verloren geglaubten Sinn der Widerstandsarbeit

---

[46] Zimmer, M., Anna Seghers. Das Siebte Kreuz, Hollfeld 1995, S. 28
[47] Seghers, A., Das Siebte Kreuz. Ein Roman aus Hitlerdeutschland, Berlin 1946[39], S. 378
[48] Ebd., S. 323
[49] Seghers, A., Das Siebte Kreuz. Ein Roman aus Hitlerdeutschland, Berlin 1946[39], S. 355

sehen lassen. Frau Fiedler beginnt plötzlich wieder die „alte Luft"[50] zu spüren, als man noch „Plakate geklebt"[51] oder „Parolen auf Bretterwände gemalt" hatte und sie hat das Gefühl, dass „auf einmal [wieder] alles möglich [ist]"[52]. Zum anderen finden Fiedler und seine Frau durch ihre illegale Fluchthilfe zu einem neuen Lebenssinn zurück und erfahren ein Gefühl der Hoffnung.

Dr. Kreß, der vor 1933 losen Kontakt zur Arbeiterbewegung hatte, beherbergt Georg Heisler trotz anfänglicher Angst aus reiner Solidarität. Als seine Frau erfährt, dass sie einen politisch Verfolgten unterstützen, ergibt sich auch für sie ein neuer Lebenssinn: „Die Augen der Frau glänzten auf. Sie hob ihr Gesicht. So hell war es nur einmal gewesen, am Anfang ihres gemeinsamen Lebens."[53] In dieser Reaktion spiegelt sich ein insgeheimer Protest gegen den frustrierenden kleinbürgerlichen Alltag wieder, der sich hier indirekt als eine Kraft des Antifaschismus erweist. Die neuen Herausforderungen durch den Flüchtling bringen eine ungewohnte Intensität in die brüchig gewordene Beziehung und dem Ehepaar Kreß[54] ist zumute als ob sie sich bei Georg bedanken müssten: „Mir ist zumut[e], als ob ich mich bei ihm bedanken sollte, was auch noch aus dieser Geschichte für uns alle entstehen mag – dass er bei uns war, dass er uns diesen Besuch gemacht hat"[55].

Durch die Unterstützung Heislers aus Solidarität, erleben die Romanfiguren eine „Bestätigung ihrer eigenen Persönlichkeit"[56] und die Hilfe hat durchaus auch zur Folge, dass „ihre eigenen verborgenen menschlichen Qualitäten zum Durchbruch [gebracht werden]"[57]. Durch den Flüchtling erfahren seine Helfer alle eine starke innere Kraft und sie spüren eine neu errungene Energie, die sie nach vorne schauen lässt mit der Hoffnung auf ein baldiges antifaschistisches Deutschland.

Die meisten Personen unterstützen den Flüchtling aktiv aus reinem Humanismus und menschlicher Anständigkeit, jedoch ohne politische Motive zum Widerstand.

Einzig Franz Marnet, ein ehemaliger Freund von Georg und überzeugter Kommunist, unterstützt den Flüchtling aus politischen Motiven, allerdings nur indirekt, indem er alte Verbindungen wieder aktiviert, die für Heisler nützlich sein könnten. Und obwohl Georg ihn früher einmal zutiefst verletzt hatte und ihre Freundschaft daraufhin in die Brüche gegangen war, beschäftigt Franz jetzt der Gedanke an das Schicksal des früheren besten Freundes durchgehend. Franz hatte sich in seinem kleinen privaten Glück beinahe zurückgezogen und sich mit dem alltäglichen, angepassten Familienleben zufrieden gegeben. Erst die Flucht Heislers löst in ihm einen starken „Wunsch nach Gerechtigkeit"[58] aus, der ihn wieder erkennen lässt, dass er nicht die Augen vor der herrschenden Ungerechtigkeit des faschistischen Regimes verschließen darf.

---

[50] Ebd., S. 357
[51] Ebd., S. 357
[52] Ebd., S. 357
[53] Ebd., S. 359
[54] Siehe Anhang, Abb. 9
[55] Seghers, A., Das Siebte Kreuz. Ein Roman aus Hitlerdeutschland, Berlin 1946[39], S. 399
[56] Batt, K., Anna Seghers. Versuch über Entwicklung und Werke, Frankfurt am Main, 1980, S. 125
[57] Ebd., S. 125
[58] Seghers, A., Das Siebte Kreuz. Ein Roman aus Hitlerdeutschland, Berlin 1946[39], S. 303

4.3.2 Der besondere Fall – Fritz Helwig

Nicht alle Romanfiguren sind sich jedoch von Anfang an sicher, Georg Heisler zu unterstützen und sich somit selbst in Gefahr zu begeben. Viel bedeutungsvoller sind jene Charaktere, die eine moralische Entwicklung durch die Konfrontation mit dem Flüchtling durchlaufen und sich von einer nahezu blinden Anpassung an die nationalsozialistischen Diktatur auf die Seite des antifaschistischen Widerstands schlagen.

Eine Romanfigur, die sich in einem typischen Konflikt zwischen Anpassung und Widerstand befindet, ist Fritz Helwig, ein junger Gärtnerlehrling und Mitglied der Hitler-Jugend[59]. Georg stiehlt am ersten Tag der Flucht aus dem KZ Westhofen Helwigs neue „Manchestersamtjacke"[60]. Fritz reagiert anfangs geradezu „kindlich vor Zorn und Kummer"[61] und droht dem Dieb aus Wut, ihn totzuschlagen wenn er ihn finden würde. Gerade hier wird deutlich, wie wenig menschliche Werte wie Solidarität, Nächstenliebe und Menschlichkeit gegenüber Schwächeren in der nationalsozialistischen Jugendpolitik, oder generell im Faschismus, vermittelt wurden.

Kurz darauf wird Fritz Helwig von der Gestapo verhört, um den Flüchtling anhand der Jacke besser identifizieren zu können. Auf die Frage des alten Gärtners Gültscher, ob er ausgesagt hat, antwortet Fritz, dass er „doch gemusst [habe]"[62], da es für ihn selbstverständlich als „Hitler-Junge" ist, alle Befehle ohne Rückfragen zu befolgen. Durch die darauffolgenden Blicke des Gärtners stutzig geworden, beschäftigen den Jungen mit den „aufgeweckten Augen"[63] fortan Fragen über das Häftlingslager Westhofen. Da das KZ schon „immer dagewesen [war]"[64], hatte er es deswegen als Selbstverständlichkeit hingenommen und nicht weiter hinterfragt.

„Lauter Lumpen und Narren waren da sicher nicht drin, sagten die Leute"[65], Helwigs stille Mutter sagte „Nein"[66] und Fritz wurde plötzlich „ein wenig bang ums Herz"[67]. Ab diesem Zeitpunkt zeigen sich erste Veränderungen des sonst so braven, angepassten „Hitler-Jungen". Er fängt an, „seinen Häftling" zu verteidigen und sogar die Gestapo auf eine falsche Spur zu lenken, indem er die wiedergefundene Jacke nicht als die Eigene identifiziert, um Heisler einen entscheidenden Vorsprung zu verschaffen. Er merkt, wie er sich immer mehr von den Nazis distanziert und die Rechtmäßigkeit des faschistischen Systems allmählich anzweifelt. Als er schließlich den in Westhofen gefürchteten Scharführer Zillich sieht, bestätigt sich diese Wandlung, denn er spürt, wie sich „in seinem jungen Herzen [etwas] regte [...], eine Warnung oder ein Zweifel"[68].

---

[59] Siehe Anhang, Abb. 10
[60] Seghers, A., Das Siebte Kreuz. Ein Roman aus Hitlerdeutschland, Berlin 1946[39], S. 42f
[61] Ebd., S. 43
[62] Ebd., S. 45
[63] Ebd., S. 42
[64] Ebd., S. 86
[65] Seghers, A., Das Siebte Kreuz. Ein Roman aus Hitlerdeutschland, Berlin 1946[39], S. 86
[66] Ebd., S. 86
[67] Ebd., S. 86
[68] Ebd., S. 340

Aus dem gehorsamen „Hitler-Jungen", der sich seit seiner Kindheit an die nationalsozialistischen Ideale angepasst hat und diese für selbstverständlich hielt, wird durch die ungewohnte Ausnahmesituation der Flucht Heislers ein kleiner antifaschistischer Widerstandskämpfer.

Helwigs erstaunliche Entwicklung im Laufe des Romangeschehens zeigt anfangs den verderblichen Einfluss der nationalsozialistischen Erziehung auf die Jugend, die das Ziel hat „ein Niemandsland [...] zwischen [den] Generationen [zu legen], durch die die alten Erfahrungen nicht mehr dringen konnten"[69]. Die Hitler-Jugend sollte die junge Generation im Sinne der NS-Ideologie prägen und gleichzeitig als "wesentliches Mittel der Herrschaftssicherung"[70] fungieren: „All die Burschen und Mädel da draußen, wenn sie einmal die Hitler-Jugend durchlaufen hatten, [...] den Arbeitsdienst und das Heer, glichen sie den Kindern der Sage, die von Tieren aufgezogen werden, bis sie die eigene Mutter zerreißen"[71].

Anna Seghers appelliert somit gleichzeitig an die jüngere Generation, welche, genau wie Fritz Helwig, die Möglichkeit hat, Widerstand gegen das totalitäre System zu leisten und somit aktiv für ein antifaschistisches Deutschland einzutreten. Am Beispiel Helwigs, der durch eine Lüge Georg den entscheidenden Vorsprung verschafft und ihn dadurch vor der drohenden Verhaftung bewahrt, wird deutlich wie viel der Widerstand eines Einzelnen bewirken kann.

4.3.3 Die Nebenfiguren

Die Flucht Heislers gelingt nur durch die Hilfe seiner couragierten Mitmenschen und gerade durch unscheinbare, hilfsbereite Gesten treiben Personen des einfachen Volkes seine Flucht voran. In der außergewöhnlichen Situation bewähren sich vor allem auch die Figuren, deren Dasein ganz im Alltäglichen aufgeht und die gerade aus den Wertenormen des „gewöhnlichen Lebens" ihre Kraft schöpfen[72].

Exemplarisch hierfür steht zum einen eine Kellnerin, die Georg für eine Nacht fürsorglich in ihrer Wohnung unterbringt und sich selbst in Gefahr begibt. Ihr wird mit einem „ruhigen stolzen Lächeln"[73] klar, dass „ihr Augenblick [...] gekommen [war]"[74] und sie durch ihre mutige, selbstlose Tat zu einer kleinen Widerstandskämpferin geworden ist.

Der jüdische Arzt Doktor Löwenstein[75] ahnt, dass mit dem gebrechlichen Patienten, Georg Heisler, etwas nicht stimmt, behandelt ihn aber trotzdem, da seine menschliche Anständigkeit und der medizinische Ethos stärker sind als die Angst vor der Gestapo. Er war „inzwischen an Patienten gewöhnt, die zu ihm liefen, ganz frühmorgens, damit es die Nachbarn nicht merkten, im allerletzten

---

[69] Ebd., S. 164
[70] Sauerwein, T., Hitlerjugend, in: https://www.historisches-lexikon-bayerns.de/Lexikon/Hitlerjugend_(HJ),_1926-1945, Zugriff vom 20.10.2018
[71] Seghers, A., Das Siebte Kreuz. Ein Roman aus Hitlerdeutschland, Berlin 1946[39], S. 165
[72] Diersen, I., Anna Seghers. Das Siebte Kreuz, in: Weimarer Beiträge Heft 12, Berlin 1972, S. 113
[73] Seghers, A., Das Siebte Kreuz. Ein Roman aus Hitlerdeutschland, Berlin 1946[39], S. 406
[74] Ebd., S. 406
[75] Siehe Anhang, Abb. 11

Moment, wie man früher zu einer Hexe lief"[76]. Doktor Löwenstein, den fortan jedes Schellen an der Tür zittern lässt, fragt sich verzweifelt, warum dieser ihm verdächtige Patient ausgerechnet zu ihm kommt. Er besinnt sich letztendlich aber auf seinen Arztberuf: „Zu dir ist bloß eine Hand ins Sprechzimmer gekommen, eine kranke Hand. Ob die aus dem Ärmel eines Spitzbuben heraushängt oder unter dem Flügel eines Erzengels, das kann dir ganz egal sein."[77]

Die Schneiderin Madame Marelli, die eine „SA oder SS Uniform ebenso wenig kalt [lässt] wie das Blinken der Ausweismarken der Geheimpolizisten"[78], unterstützt den fremden Flüchtling mit Geld und neuer Kleidung.

Die unpolitische Katharina Grabber bietet Heisler eine Unterkunft an und auch der Schiffer, der Georg schließlich aus Deutschland nach Holland verhilft, riskiert für ihn sein Leben.

Der Tapezierer Mettenheim und seine Tochter Elli, die von Georg mit ihrem ungeborenen Kind verlassen wurde, sind weder durch die nationalsozialistische Verhöre, Haft und Beschattung noch durch ihre schlechte Erfahrungen mit Georg von ihrer Loyalität gegenüber ihm abzubringen.

Ein „altes Fräulein" drückt dem Flüchtling „mit Gewalt fünf verbotene Pfennig in die Hand"[79] und der Pfarrer Seitz bemerkt Heisler im Dom, wo dieser eine Nacht verbringt, verrät ihn allerdings nicht an die Gestapo, sondern lässt die gefundene Häftlingskleidung verbrennen.

Diese unpolitischen Figuren und Fluchthelfer demonstrieren, dass selbst im Jahr 1937 keineswegs alle Bereiche der Gesellschaft von den Nationalsozialisten besetzt waren und kontrolliert werden konnten.

Wo immer Georg Heisler auf seiner Flucht mit Menschen zusammentrifft, die sich entschieden haben ihm zu helfen, hat es zur Folge, dass „erstarrte menschliche Beziehungen wieder erwachen und erstorben geglaubte Solidarität sich aufs Neue bewährt"[80].

Gerade bei der genaueren Analyse der Romanfiguren wird deutlich, dass nicht die Verfolgten oder die Verfolger die Hauptpersonen sind, sondern diejenigen Menschen, die durch die Fluchtgeschichte aus ihrem Alltagsleben gerissen werden. Nicht jene Figuren, die sich bereits mehr oder weniger offensichtlich für eine Weltanschauung entschieden haben, stehen im Mittelpunkt, sondern vielmehr die, die sich noch unsicher sind oder durch das Romangeschehen vor eine Entscheidung gestellt werden. Eine spezielle Rolle im Roman nimmt der Schäfer Ernst ein, der mit dem Fluchtgeschehen direkt nichts zu tun hat, aber trotzdem immer wieder in der Handlung vorkommt und auf den ersten Blick als politisch gleichgültiger Außenseiter erscheint. Seine „unnachahmbare spöttisch-hochmütige Haltung"[81] ermöglicht es ihm jedoch, sich nicht von den Nationalsozialisten vereinnahmen zu lassen. Der Schäfer fällt besonders durch seine Verspottung des Hitlergrußes „Heil Hitler! – Heil du ihn auch!"[82] und seine Aussage, dass er sich weder an der Jagd des Flüchtlings beteiligen möchte noch ihn

---

[76] Seghers, A., Das Siebte Kreuz. Ein Roman aus Hitlerdeutschland, Berlin 1946[39], S. 98
[77] Ebd., S. 100
[78] Ebd., S. 207
[79] Ebd., S. 96
[80] Tischer, H., Anna Seghers: Das Siebte Kreuz, in: Lehmann, J. (Hg.), Deutsche Romane von Grimmelshausen bis Walser. Interpretationen für den Literaturunterricht Band 2, Königstein 1982, S. 319
[81] Seghers, A., Das Siebte Kreuz. Ein Roman aus Hitlerdeutschland, Berlin 1946[39] , S. 17
[82] Ebd., S. 60

verraten würde, auf: „[Der Flüchtling] kann natürlich überall sitzen. [...]. Aber da, wo ich hingucke, da wird er ganz bestimmt nicht sitzen"[83].

Anna Seghers selbst erklärt, dass man den Schäfer „als einen Bestandteil des Landes nehmen [muss]. Er ist pfiffig und frech [und] es gibt viele seiner Art in [der] Gegend. Eine tiefe, geheimnisvolle Bedeutung in ihm zu suchen, wäre [allerdings] [...] falsch."[84] Andererseits repräsentiert er „die diachronische Gegenwelt der Geschichte"[85], das „Überdauernde"[86] und „Bleibende"[87] vor der vergänglichen Gegenwart des Nationalsozialismus.

4.4 Die Repräsentanten des Nationalsozialismus

„Der nationalsozialistische Staat verfolgt unerbittlich jeden, der sich gegen die Volksgemeinschaft vergangen hat, er schützt, was des Schutzes wert ist, er bestraft, was Strafe verdient, er vertilgt, was wert ist, vertilgt zu werden. In unserem Land gibt es kein Asyl mehr für flüchtige Verbrecher. Unser Volk ist gesund, Kranke schüttelt es ab, Wahnsinnige schlägt es tot"[88].

Die Folgen des Ausbruchs der sieben Häftlinge sind verheerend: Der nationalsozialistische Staat setzt alles daran, die Flüchtlinge so schnell wie möglich wieder hinter Gitter zu bringen und sie mit Zwangsarbeit und Folter mundtot zu machen. Kein diktatorisches System darf sich einen Fehler wie diesen erlauben und so setzen vor allem die Führungskräfte des Konzentrationslagers Westhofen alles daran, die Ausbrecher wieder einzufangen.

Neben dem KZ-Personal[89] und den Mitgliedern der SS werden zudem auch die unterschiedlichen Formen von Mitläufertum und Anpassung als indirekte Repräsentation des Nationalsozialismus in „Das Siebte Kreuz" dargestellt.

4.4.1 Das Lagerpersonal

Fahrenberg, der Lagerkommandant des Konzentrationslagers Westhofen, kompensiert mit seiner beruflich machtvollen Stellung ein „tief eingewurzeltes Minderwertigkeitsgefühl"[90] aus seiner kleinbürgerlichen Vergangenheit. Er will „mit seinem SA-Sturm kleine Städtchen erobern, vor allem das Heimatstädtchen, in dem er früher als Nichtsnutz gegolten hatte"[91], um den Einwohnern seine

---

[83] Ebd., S. 151
[84] Seghers, A., Briefe an Leser, Berlin 1970, S. 31
[85] Tischer, H., Anna Seghers: Das Siebte Kreuz, in: Lehmann, J. (Hg.), Deutsche Romane von Grimmelshausen bis Walser. Interpretationen für den Literaturunterricht Band 2, Königstein 1982, S. 328
[86] Ebd., S. 328
[87] Ebd., S. 328
[88] Seghers, A., Das Siebte Kreuz. Ein Roman aus Hitlerdeutschland, Berlin 1946[39], S. 289
[89] Siehe Anhang, Abb. 12
[90] Tischer, H., Anna Seghers: Das Siebte Kreuz, in: Lehmann, J. (Hg.), Deutsche Romane von Grimmelshausen bis Walser. Interpretationen für den Literaturunterricht Band 2, Königstein 1982, S. 323
[91] Seghers, A., Das Siebte Kreuz. Ein Roman aus Hitlerdeutschland, Berlin 1946[39], S. 212

Machtfülle zu präsentieren und ihnen vor Augen zu führen, wie chancenlos sie gegen ihn seien. Er hat die tiefe Überzeugung, dass Hitler selbst „ihn [...] zur Macht bestellt [habe]"[92].

Diese vermeintliche Allmacht innerhalb des Lagers lässt Fahrenberg sich selbst als „Herr über Menschen"[93] sehen, der „Leib und Seele beherrscht"[94] und „Macht [...] über Leben und Tod"[95] hat. Allerdings bedeutet sie gleichzeitig die totale Abhängigkeit von dem faschistischen System, „in dessen Maschinerie er nur ein kleines, jederzeit auswechselbares Rädchen ist"[96]. Er hat den Einfall mit den sieben gefällten Platanen als Folterkreuze und setzt nun alles daran, die Flüchtlinge wieder einzufangen, um der für ihn furchtbarsten Strafe, den „Entzug von Macht"[97], zu entgehen.

Zillich, der gefürchtete und brutale Scharführer in Westhofen, verkörpert einen geradezu typischen Charakter des kleinbürgerlich-faschistischem Sadismus. Sein früheres Scheitern auf seinem kleinen Bauernhof, den er durch Zwangsversteigerung verloren hatte, führte ihn dazu, sich nach dem Ersten Weltkrieg aus extremer Unzufriedenheit und Minderwertigkeitsgefühlen der NSDAP anzuschließen. Dem sozial Gescheiterten bietet das NS-System eine Art Heimat und die neu errungene Macht über Menschenleben lässt Zillich seine Lebensangst verdrängen, denn „er hatte im Krieg das eine gefunden, was ihn erleichterte. Er wurde nicht wild beim Anblick des Blutes, wie man es Mördern nachsagt, [...] [sondern] der Anblick des Blutes beruhigte ihn."[98]

Für ihn bietet der Nationalsozialismus die Chance, seine gesellschaftliche und persönliche Ohnmacht hinter faschistischen Allmachtsgebärden wie Gewalt und Brutalität zu verbergen. Die große Angst vor einem sozialen Abstieg innerhalb der Machthierarchie und die erzwungene Rückkehr in das bäuerliche Milieu treibt sowohl Zillich als auch Fahrenberg dazu, sich an der Jagd auf die Flüchtlinge skrupellos zu beteiligen.

Leutnant Bunsen, der ebenso aus kleinbürgerlichen Beamtenverhältnissen kommt, entspricht in seiner äußeren Erscheinung dem „nationalsozialistischem Rasseideal": Groß, blond und mit dem Gesicht „eines Drachentöters"[99] oder „eines gewappneten Erzengels"[100] erinnert der 19-jährige SS-Leutnant an einen germanischen Krieger. Selbstsicher, arrogant und zynisch genießt er seinen gesellschaftlichen Rang und seine Anerkennung. Sein fester Glaube an das faschistische Terrorsystem resultiert aus der nationalsozialistischen Erziehung und dem Bewusstsein, der „Elite des deutschen Volkes"[101] anzugehören.

---

[92] Ebd., S. 145
[93] Ebd., S. 145
[94] Ebd., S. 145
[95] Ebd., S. 145
[96] Tischer, H., Anna Seghers: Das Siebte Kreuz, in: Lehmann, J. (Hg.), Deutsche Romane von Grimmelshausen bis Walser. Interpretationen für den Literaturunterricht Band 2, Königstein 1982, S. 324
[97] Seghers, A., Das Siebte Kreuz. Ein Roman aus Hitlerdeutschland, Berlin 1946[39], S. 248
[98] Seghers, A., Das Siebte Kreuz. Ein Roman aus Hitlerdeutschland, Berlin 1946[39], S. 338
[99] Ebd., S. 54
[100] Ebd., S. 54
[101] Zimmer, M., Anna Seghers. Das Siebte Kreuz, Hollfeld 1995, S. 41

Hinsichtlich der Persönlichkeiten der SS-Angehörigen fällt auf, dass es sich bei fast allen um zutiefst Unzufriedene, Erfolglose und sozial Gescheiterte handelt, die ihre Angst vor gesellschaftlicher Deklassierung und Verwahrlosung mit Gewalt kompensieren.

Das Ziel dieser drei Männer ist es, ihre Opfer sowohl physisch als auch geistig und moralisch zu brechen, um ihre Machtgier vollends zu befriedigen: „Macht über Leben und Tod, weniger tut [es] nicht. Ausgewachsene starke Männer, die man vor sich hinstellen lässt, und man darf sie zerbrechen, rasch oder langsam, ihre eben noch aufrechten Körper werden vierbeinig, eben noch kühn und patzig werden sie grau und stammeln vor Todesangst. Manche hat man ganz fertiggemacht, manche zu Verrätern, manche hat man freigelassen, mit gebeugtem Genick, mit gebrochenem Willen."[102]

Aber die vermeintliche Allmacht der Mörder endet, als sie merken, dass sie keinen der vier Wiedereingefangenen bis zum völligen Verlust ihrer Menschenwürde quälen und erniedrigen können: „Aber die an die Bäume gebundenen Männer zitterten nicht.[...] Füllgrabe [...] starrte geradeaus, als hätte der Tod ihn angeschrien, sich endlich anständig aufzuführen.[...] Pelzer hatte seine Augen geschlossen, sein Gesicht hatte alle Zartheit verloren, alle Zaghheit und Schwäche, es war kühn und scharf geworden. Seine Gedanken waren gesammelt, nicht zu Zweifeln und nicht zu Ausflüchten, sondern um das Unvermeidliche zu begreifen."[103]

Sogar Fahrenberg spürt am Ende, „dass er nicht hinter einem einzelnen her war, dessen Züge er kannte, dessen Kraft erschöpfbar war, sondern einer gesichtslosen, unabschätzbaren Macht"[104], die für die Nationalsozialisten unbesiegbar war. Diese innerlich verankerte Unverwundbarkeit kann weder durch körperliche Qualen noch durch die vermeintliche Allmacht der Nationalsozialisten zerstört werden und gilt als „kleiner Triumph, [...] der einen die eigene Kraft plötzlich fühlen lässt"[105] gegen das scheinbar unbesiegbare Hitler-Regime.

4.4.2 Die Mitläufer des Nationalsozialismus

Zahlreiche Romanfiguren unterstützen auf unterschiedliche, teils indirekte Weise die faschistische Diktatur, indem sie sich bewusst aus allem heraushalten und die Augen vor dem Terrorregime verschließen. Exemplarisch hierfür stehen die Bauern aus umliegenden Dörfern, die am KZ Westhofen verdienen: „Da man doch nichts gegen das Lager tun konnte, waren allerlei Aufträge [an] Gemüse [...] gekommen und allerlei nützlicher Verkehr, wie es die Ansammlung und Verpflegung vieler Menschen mit sich bringt"[106].

Die Polizeikommissare Overkamp und Fischer unterwerfen sich dem Terrorsystem ohne den Sinn ihrer Tätigkeit zu hinterfragen: „Verhöre, bei denen es hart auf hart ging, waren für [Overkamp] eine Arbeit, wie jede andere. Sie bereitete ihm keine Spur von Belustigung, geschweige denn Lust. All die

[102] Seghers, A., Das Siebte Kreuz. Ein Roman aus Hitlerdeutschland, Berlin 1946[39], S. 145
[103] Ebd., S. 288
[104] Seghers, A., Das Siebte Kreuz. Ein Roman aus Hitlerdeutschland, Berlin 1946[39], S. 405
[105] Ebd., S. 9f
[106] Ebd., S. 85

Menschen, nach denen er fahnden musste, hatte er immer für Feinde der Ordnung gehalten, so wie er sich die Ordnung vorstellte [...]. Unklar wurden die Dinge erst, wenn er sich überlegte, für wen er da eigentlich arbeitete."[107] Emotionslos und mit zynischer Nüchternheit sehen beide dem Geschehen im Konzentrationslager zu, ohne die Folter der Häftlinge als inhuman zu bewerten oder die Lagerkommandanten zu verurteilen: „Entweder halten wir eine bestimmte Sorte Menschen hinter dem Stacheldraht und geben schön acht [...], dass alle drin bleiben - oder wir selbst sind drin und die anderen geben auf uns acht"[108].

Andere am Rande genannte Figuren unterstützen das Terrorsystem aus Unzufriedenheit, wie der todkranke Bauer Binder, der Georg denunziert und den jüdischen Arzt Dr. Löwenstein aus Rache verurteilt, aus Wut darüber, dass dieser ihn nicht heilen kann.

Ein weiterer Teil der Bevölkerung sind reine Mitläufer, die sich, wie Georgs frühere Freundin Leni, aus Bequemlichkeit oder, wie viele Bauern, aus einem stetig wachsenden Opportunismus im Nazialltag einrichten und resignieren.

Die Anpassung an die Diktatur geschieht zudem teilweise aus purer Angst vor den Nationalsozialisten. Exemplarisch hierfür steht ein alter Arzt, der Bellonis Totenschein gegen seinen Willen ausstellen muss. Obwohl ihn „ein schwaches Gefühl von Übelkeit"[109] überkommt, hat er nicht den Mut sich zu widersetzten, aus Angst vor den Folgen seines Handelns.

Immer wieder wird im Roman „Das Siebte Kreuz" die Generationenproblematik thematisiert und wie tief die nationalsozialistische Erziehung in die jungen Menschen gedrungen ist. Der junge Lehrer, dem Heisler am Rhein begegnet, erzieht seine Schulklasse für den „äußersten Einsatz auf Leben und Tod"[110] und vermittelt seinen Schülern die faschistischen Ideale als die einzig wahren. Auch er trägt zum Erfolg der NSDAP bei, da er die jüngere Generation auf ihren vorprogrammierten Weg als überzeugte Nationalsozialisten vorbereitet.

An Heini Heisler, Georgs jüngerer Bruder, wird deutlich, wie verlockend die Angebote der NS-Organisation für Jugendliche sind und wie viel Einfluss die nationalsozialistische Erziehungspolitik hat. Heini ist sogar bereit, seinen eigenen Bruder zu verraten, um seine NS-Karriere zu forcieren. Er ist so stark von den Idealen der Nationalsozialisten geprägt, dass er nicht davor zurück schrecken würde, seinen Bruder den Nazis auszuliefern.

---

[107] Ebd., S. 291f
[108] Ebd., S. 248
[109] Seghers, A., Das Siebte Kreuz. Ein Roman aus Hitlerdeutschland, Berlin 1946[39], S. 107
[110] Ebd., S. 159

5. Das moralische Problem

Ist es erlaubt, einen Menschen für einen anderen aufs Spiel zu setzen? Und nicht nur einen, sondern mehrere, denn die Nationalsozialisten sehen keinen Unterschied zwischen denen, die sich widersetzen, und deren Angehörigen.

Ist es moralisch vertretbar, sich und seine Familie in Gefahr zu bringen und seine eigene Freiheit zu riskieren, nur um einem einzigen Menschen zu helfen, ohne zu wissen, ob er schlussendlich überhaupt überlebt? Womit kann man solch ein Wagnis rechtfertigen?

Ist es moralisch gerechtfertigt, ein Menschenleben wertvoller als das der anderen darzustellen?

Georg Heisler ist keineswegs ein wichtiger Mann und er spielt keine ausschlaggebende Rolle in der Organisation des Widerstandes gegen Hitler, sondern er ist ein einfacher Mensch des Volkes, dem noch nie besonders viel Aufmerksamkeit geschenkt wurde. Sein einziges Ziel ist es zunächst, sein eigenes Leben zu retten. Ein Leben, das nicht mehr wert ist als das derer, die alles für ihn wagen, die für ihn ihre Freiheit aufs Spiel setzten und ihre Familie in Gefahr bringen oder nicht einmal realisieren, was sie alles für ihn riskieren.

Und dieses Wagnis ist ungeheuer, da die leiseste Kritik an Hitler und seiner Ideologie lebensgefährlich sind. Gefahr droht nicht nur von der Gestapo, der SS und der SA, sondern auch von dem engmaschigen Spitzelsystem der Block- und Hauswarte. Gefahr droht von den Nachbarn, Kollegen, Bekanntschaften und sogar von der eigenen Verwandtschaft, da die Gestapo die Gedanken der Bürger bis in die Familien hinein zu kontrollieren versucht. Und trotzdem wagen es einige couragierte Menschen, diesem Unrechtsregime zu widersprechen und sich zu widersetzen.

Anna Seghers beschreibt, wie das Gefühl der Ungewissheit, niemandem mehr trauen zu können, die Menschen voneinander entfremdet und alle sozialen Beziehungen untergräbt. In ständiger Unsicherheit zu leben, Misstrauen gegen frühere Freunde zu hegen und sich immer die Frage zu stellen, ob der Gegenüber nicht ein Spitzel sein könnte, treibt die Menschen auseinander.

Ist die Begeisterung des Arbeitskollegen für den Führer nur gespielt oder echt? Trägt er das Parteizeichen aus Überzeugung oder weil ihm keine andere Wahl blieb als der NSDAP beizutreten?

Wann wird das gebotene Misstrauen zur Verweigerung der Solidarität?

Woher soll der ehemalige kommunistische Architekt Sauer, der alles für Georg tun würde, wissen, dass Paul Röder nicht von der Gestapo sondern von Heisler geschickt wurde?

Die Frage, ob es erlaubt ist, Menschenleben aufs Spiel zu setzen, nur um einen Einzelnen, nämlich den geflüchteten Georg Heisler zu retten, wird in „Das Siebte Kreuz" von einer Romanfigur, Hermann, dem Freund Franz Marnets, klar beantwortet: „Ja, es war erlaubt. Nicht nur erlaubt, sondern nötig"[111] – das ist gleichzeitig auch die persönliche Antwort der Autorin auf diese schwierige moralische Frage.

Ohne die Solidarität der Unterdrückten und den Glauben der Besiegten und zum Schweigen Gebrachten an einen möglichen Widerstand gegen die Nationalsozialisten, hätte der Faschismus in der

---

[111] Seghers, A., Das Siebte Kreuz. Ein Roman aus Hitlerdeutschland, Berlin 1946[39], S. 332

Tat gesiegt. Genau diese Solidarität aber ist es, die den Einsatz von Menschenleben rechtfertigt und sogar notwendig macht. Widerstand gegen ein Terrorsystem ist nur möglich, wenn es couragierte Menschen gibt, die für ihre Zukunft alles riskieren und opfern, indem sie aktiv gegen die Machthaber vorgehen, obwohl sie sich der Gefahren bewusst sind. Wie sonst soll man den Stärkeren besiegen, wenn niemand dazu bereit ist? Diese Solidarität des Widerstands, die sich nicht in einem bewaffneten Kampf widerspiegelt, sondern in reiner Humanität, ist das eigentliche Ereignis des Romans.

Laut Anna Seghers ist es moralisch gerechtfertigt, dass Heislers Unterstützer ihr Leben für ihn riskieren, um wenigstens einen kleinen Triumph gegen das Terrorregime zu erfahren und daraufhin zu begreifen, dass das deutsche Volk nur dann eine Chance gegen den Nationalsozialismus hat, wenn alle sich wehren. Da die Flucht nur mit der Hilfe mutiger Mitmenschen gelingt, fordert der Roman moralisch ein, dass jeder einzelne Mensch sich im entscheidenden Moment für die Zivilcourage entscheiden muss und es gerade in solchen grausamen Zeiten, unter der Herrschaft eines Terrorregimes, auf Humanität und Solidarität ankommt. Denn „die historischen Mächte vergehen, und es bleibt eine supraepochale, gegen die Macht-Geschichte resistente Humanität"[112].

6. Der Flüchtling als Prüfstein

Die Begegnung mit dem geflohenen Georg Heisler wird für die Menschen zu einer moralischen Bewährungsprobe, die gleichzeitig die Frage aufwirft, ob und wie tief die NS-Ideologie in das Innere des deutschen Volkes eingedrungen ist. Anna Seghers zeigt vor allem auf, welche moralischen Kräfte trotz des alltäglichen Terrors noch im Menschen vorhanden sind und wie sie durch Heisler wieder geweckt werden.

Der Flüchtling wird im Laufe der Romanhandlung zum persönlichen Prüfstein und gibt gleichzeitig Anstoß zur Besinnung. Jeder, dem Georg begegnet, stellt sich augenblicklich die selbstkritische Frage, ob in seinem Inneren Humanität und Solidarität oder Anpassung und Angst vor den Nationalsozialisten überwiegen. Die „kleinen Leute", die Georg beistehen, fühlen sich nicht als Widerstandskämpfer, propagieren keine Ideale, sondern handeln aus dem Bauch heraus solidarisch – und werden gerade dadurch zu Vorbildern der Humanität.

Doch woher nehmen diese Menschen den Mut und die Kraft, sich auf etwas einzulassen, das als schwerstes Verbrechen gilt? Der Roman zeigt, dass sie ihre Stärke aus der einfachen Sittlichkeit ihres alltäglichen Lebens schöpfen, die sich selbst gegen die faschistische Macht als immun erweist. Die Geborgenheit dieser kleinen Welt ist für Anna Seghers die Voraussetzung dafür, dass sich in den

---

[112] Spieß, B., Das Potenzial des Widerstehens. Gemeinschaft, Geschichte, Landschaft, in: Spieß, B./ Fehervary H.(Hg.), Anna Seghers. Werkausgabe Band 4, Berlin 2000, S. 462ff

Menschen ein „eiserner Bestand"[113] bilden kann, ein „moralisches Potential, das aktualisiert wird, wenn es zum Äußersten kommt"[114].

Für die Unterstützer der Flucht wird der Akt der Rettung zu einer Selbstprüfung: Bin ich noch der, der ich einmal war oder habe ich vor der Macht der Nationalsozialisten bereits resigniert?

Die Menschen, die sich bei dieser moralischen Prüfung bewähren, besinnen sich - oft nach anfänglichem Schreck - auf die Humanität, auf ihren ärztlichen oder christlichen Ethos oder auf ihre Solidarität. Das hat meist zur Folge, dass diese couragierten Romanfiguren ihre Gleichgültigkeit und Resignation gegenüber dem herrschenden Terrorregime überwinden, neue Kraft verspüren und Hoffnung für die Zukunft schöpfen.

Obwohl „die proletarische Solidarität [...] stumm geworden [war] in Hitler-Deutschland und die Stummheit in schweigende Duldung umzuschlagen [drohte]"[115], schafft es Heisler in seinen Mitmenschen diese verloren geglaubten seelisch-geistigen Eigenschaften wieder hervorzurufen. Die unverbogene Moral dieser Menschen, ihr Durchhaltewille und ihre neu errungene Kraft zum Widerstand machen Hoffnung, denn sie stellen die Diktatur von innen heraus in Frage.

Einerseits gelingt es Anna Seghers zu beschreiben wie sehr die nationalsozialistische Ideologie die Bevölkerung manipuliert und indoktriniert. Andererseits vermittelt sie gerade mit den letzten Sätzen ihres Romans ein Gefühl von immenser Stärke und Widerstandskraft: „Wir fühlten alle, wie tief und furchtbar die äußeren Mächte in den Menschen hineingreifen können, bis in sein Inneres, aber wir fühlten auch, dass es im Innersten etwas gab, was unangreifbar war und unverletzbar"[116]. Diese Schlussworte zeugen von dem unerschütterlichen Optimismus der Autorin und ihrem Glauben an die Unzerstörbarkeit der Idee des Humanismus.

7. Die Aktualität des Romans

Niemandem fällt es leicht sein Heimatland zu verlassen und doch sind weltweit seit Ende 2013 so viele Menschen auf der Flucht wie seit dem Zweiten Weltkrieg nicht mehr. Das Flüchtlingshilfswerk der Vereinten Nationen (UNHCR) geht von derzeit über 68 Millionen Menschen auf der Flucht aus. Viele von ihnen fliehen vor Krieg und Vernichtung, Terrorregimen, politischer oder religiöser Verfolgung und zerstörten Lebensgrundlagen.

Das Recht auf Asyl ist in Deutschland nach Artikel 16a des Grundgesetztes ein Grundrecht, welches seine Wurzeln in der deutschen Geschichte zu Zeiten des sogenannten „Dritten Reichs" hat. Viele Menschen, die aufgrund ihrer politischen Gesinnung von den Nationalsozialisten verfolgt wurden, fanden, wie auch Anna Seghers, im Ausland Schutz.

---

[113] Tischer, H., Anna Seghers: Das Siebte Kreuz, in: Lehmann, J. (Hg.), Deutsche Romane von Grimmelshausen bis Walser. Interpretationen für den Literaturunterricht Band 2, Königstein 1982, S. 325
[114] Ebd., S. 325
[115] Rilla, P., Die Erzählerin Anna Seghers, in: Henschel B. & Sohn, Literatur, Kritik und Polemik, Berlin 1950, S. 199f
[116] Seghers, A., Das Siebte Kreuz. Ein Roman aus Hitlerdeutschland, Berlin 1946[39], S. 408

Die große Flüchtlingswelle im Jahr 2015 mit rund 900.000 asylsuchenden Menschen traf Deutschland unvorbereitet und führte zu einer gesellschaftlichen Spaltung bezüglich der Flüchtlingspolitik. Die europaweiten Flüchtlingsströme lösten eine gesellschaftliche Debatte über die Ausrichtung der Asyl- und Flüchtlingspolitik sowie über die Möglichkeiten zur Integration Schutzbedürftiger aus. Einerseits ist die Hilfsbereitschaft und „Willkommenskultur" der Deutschen unglaublich groß, andererseits fragen sich viele Menschen, ob und wie sich eine derart große Zahl von Flüchtlingen aus einem fremden Kulturkreis in Deutschland integrieren lassen.

Die amtierende Bundeskanzlerin Angela Merkel betonte in ihrer Rede vom 31. August 2015 „wir schaffen das, denn Deutschland ist ein starkes Land"[117] und elektrisierte damit einerseits ihre Anhänger, andererseits provozierte sie ihre Gegner[118]. Parallel dazu entstanden fremdenfeindliche und rechtspopulistische Bewegungen, wie die PEGIDA-Organisation und die 2013 gegründete Alternative für Deutschland (AfD), die seit 2017 mit 12,6 % im Deutschen Bundestag vertreten ist. In der AfD sind politische Führungsfiguren vertreten, die mit „Demagogie und völkisch, nationalistisch aufgeladenen Agitationen zeigen, wie fließend die Übergänge hin zu manifestem Rechtsextremismus sind"[119]. So forderte der thüringische AfD-Landesvorsitzende Björn Höcke im Januar 2017 eine „erinnerungspolitische Wende um 180 Grad"[120] und bezeichnete das Berliner Holocaust-Mahnmal als „Denkmal der Schande"[121].

Um diesem „Rechtsruck" entschieden entgegenzuwirken wird der Erinnerungskultur in Deutschland eine außerordentliche Bedeutung zugemessen. Das hob auch die Literatur- und Kulturwissenschaftlerin Aleida Assmann, die am 14. Oktober 2018 mit dem Friedenspreis des Deutschen Buchhandels ausgezeichnet wurde, hervor. In ihren Werken weist sie darauf hin, dass ein offener und ehrlicher Umgang mit der Vergangenheit grundlegende Bedingung für ein friedliches Miteinander ist: „Beschämend ist allein diese Geschichte, nicht aber die befreiende Erinnerung an sie, die wir mit den Opfern teilen. Deshalb entsteht Identität nicht durch Leugnen, Ignorieren oder Vergessen, sondern braucht ein Erinnern, das Zurechnungsfähigkeit und Verantwortung ermöglicht und einen Wandel der Werte und des nationalen Selbstbildes stützt [...]."[122]

Auch die KZ-Überlebende Anita Lasker-Wallfisch[123] betont in ihrer Rede im deutschen Bundestag vom 31. Januar 2018, wie wichtig die Erinnerungskultur für die Deutschen ist: „Inzwischen sind über

---

[117] Deutsche Bundesregierung (Hg.), Sommerpressekonferenz von Bundeskanzlerin Merkel, https://www.bundesregierung.de/breg-de/aktuelles/pressekonferenzen/sommerpressekonferenz-von-bundeskanzlerin-merkel-848300, Zugriff vom 03.10.2018
[118] Heisler, J., Merkels drei große kleine Worte, in: https://www.tagesschau.de/inland/merkel-wir-schaffen-das-101.html, Zugriff vom 03.10.2018
[119] Hufer, K., Neue Rechte, altes Denken. Ideologie, Kernbegriffe und Vordenker, Weinheim 2018, S.8
[120] Süddeutsche Zeitung (Hg.), Die Höcke-Rede von Dresden in Wortlaut-Auszügen https://www.sueddeutsche.de/news/politik/parteien-die-hoecke-rede-von-dresden-in-wortlaut-auszuegen-dpa.urn-newsml-dpa-com-20090101-170118-99-928143, Zugriff vom 03.10.1018
[121] Ebd., Zugriff vom 03.10.1018
[122] Kluger, M. (Hg.), Aleida und Jan Assmann verteidigen Wahrheit, Glaubwürdigkeit und Solidarität, in: www.fnp.de/nachrichten/kultur/Aleida-und-Jan-Assmann-verteidigen-Wahrheit-Glaubwuerdigkeit-und-Solidaritaet;art679,3135462, Zugriff vom 15.10.2018
[123] Siehe Anhang, Abb. 13

70 Jahre vergangen [...]. Man kann es eigentlich der heutigen Jugend nicht verübeln, dass sie sich nicht mit den Verbrechen identifizieren will. Aber leugnen, dass auch das zur deutschen Vergangenheit gehört, darf nicht sein."[124]

So will Erinnerungskultur eine historisch-moralische Bildung vermitteln, die zum einen den Nationalsozialismus und den Holocaust verständlich machen, zum anderen Persönlichkeiten bilden, die sich gegenüber rechtsextremistischen und rechtspopulistischen Strömungen widerständig verhalten können.

Aber wie kann das Nachdenken und Sprechen über den Nationalsozialismus zukünftig fortgesetzt werden, wenn die Generation der Zeitzeugen bald nicht mehr da sein wird?

Mit dem absehbaren Ende der Zeitzeugenschaft gewinnt die deutsche Erinnerungsliteratur als Überlieferer der Vergangenheit eine besondere Bedeutung. Exemplarisch hierfür steht „Das Siebte Kreuz" von Anna Seghers, welches heutzutage aufgrund der Flüchtlingskrise und dem „Rechtsruck" aktueller denn je erscheint.

„Jetzt sind wir hier. Was jetzt geschieht, geschieht uns"[125]. Mit diesen Worten zieht Anna Seghers ihre Leser*innen im Eingangskapitel ihres Romans in die spannende Geschichte der Flucht und gewährt ihnen Einblick in die alltäglichen Lebensverhältnisse in ständiger Bespitzelung. Dieses bedeutende Zeitzeugnis zählt auch heute noch zu den absoluten Klassiker der deutschen Literatur, unteranderem weil der Leser sich „die Helden [bildhaft] vorstellen [kann]"[126], indem er „mit der Autorin in diese Figuren hinein [sieht]"[127] und „ [zu] verstehen [lernt], warum sich Menschen in bestimmten politischen und historischen Situationen so oder so entscheiden, mit all ihren Wünschen, Ängsten und Fähigkeiten"[128].

Liest man das Buch heute, darf es als ein Appell an die Menschen verstanden werden. Der Roman zeigt die Notwendigkeit auf, Schutzsuchende aus reiner Solidarität und Humanität ohne Aussicht auf persönliche Vorteile selbstlos zu unterstützen. Anna Seghers ruft außerdem indirekt dazu auf, sich nicht blind an politische Mächte anzupassen und sich mit ihren scheinbaren Vorteilen zufrieden zu geben, sondern diese kritisch zu hinterfragen, mit dem Mut, sich zu widersetzten und für Werte wie Empathie und Solidarität einzustehen. Der Roman aus dem Jahr 1937 ruft auch heute noch dazu auf, sich auf humanitäre Werte zu konzentrieren und somit Mitläufertum und blinder Anpassung entgegenzuwirken.

[124]Deutscher Bundestag (Hg.), Anita Lasker-Wallfisch: Es bleibt die Hoffnung, dass der Verstand siegt, in: https://www.bundestag.de/dokumente/textarchiv/2018/kw05-nachbericht-gedenkstunde/540648, Zugriff vom 06.10.2018
[125] Seghers, A., Das Siebte Kreuz. Ein Roman aus Hitlerdeutschland, Berlin 1946³⁹, S. 15
[126] Roos, P./Hassauer-Roos, F., Annäherung an Anna Seghers, in: Roos P., Hassauer-Roos, F.(Hg.), Anna Seghers Materialienbuch, Darmstadt 1977, S. 185f
[127] Ebd., S. 185f
[128] Ebd., S. 185f

Im Jahr 2016 wurden in Deutschland bundesweit 3533 Angriffe auf Flüchtlinge und Flüchtlingsunterkünfte, 317 Straftaten gegen Politiker und 217[129] Anschläge gegen ehrenamtliche Asylhelfer und Hilfsorganisationen mit größtenteils rechtsradikalem Hintergrund registriert. Diese Zahlen belegen, dass heutzutage, 81 Jahre nach dem Romangeschehen, Flüchtlingshelfer erneut mit Gewalt aus der rechten Szene konfrontiert sind. Demzufolge lässt sich eine Parallele zu dem Roman „Das Siebte Kreuz" herstellen: Anna Seghers schildert geradezu realitätsnah in welcher Gefahr und welchem Angstzustand sich diejenigen befinden, die sich wagemutig dazu entscheiden einen Flüchtling zu unterstützen und wie die Angst vor Gewalt und Terror ihren Alltag formt.

Einerseits hat die Bundesrepublik Deutschland während der Flüchtlingskrise ein großes Maß an Solidarität und Humanität gezeigt. Die 93-jährige KZ-Überlebende Anita Lasker-Wallfisch lobt unter anderem die deutsche Flüchtlingspolitik und die Solidarität, die den Heimatlosen geboten wird: „Nach der Katastrophe hat sich Deutschland exemplarisch benommen. Nichts wurde geleugnet. Antisemitismus war nicht mehr modern. Heute sind andere Zeiten. Die Welt ist voller Flüchtlinge. Für uns haben sich die Grenzen damals hermetisch geschlossen und nicht, wie hier, geöffnet, dank dieser unglaublich generösen, mutigen, menschlichen Geste, die hier gemacht wurde."[130] Andererseits zeigt der aktuelle Einzug der AfD in alle sechzehn deutschen Landtage, dass rechtsextremistische Haltungen wieder in die Mitte der Gesellschaft rücken. Umso wichtiger ist es, sich rechtspopulistischen Auffassungen entschieden zu widersetzen und für ein diverses und tolerantes Miteinander, bei dem Werte wie Solidarität und Menschlichkeit, wie auch in Anna Seghers Roman propagiert, im Vordergrund stehen sollten.

Anna Seghers Appell in ihrem Roman „Das Siebte Kreuz" kann auch heute noch als Plädoyer für Solidarität, Humanität und Zivilcourage, als Grundpfeiler eines offenen und vielfältigen Deutschlands gesehen werden. Seghers ruft mit ihrer Widmung an die „[...] lebenden Antifaschisten Deutschlands [...]"[131] implizit dazu auf, auch im Jahr 2018 Angriffen von „Rechts" auf die Demokratie entschieden entgegenzustehen und für seine Rechte und die Rechte anderer couragiert einzutreten. Alle Arten von Rassismus und Gewalt gegen Menschen anderer Nationalitäten, anderen Denkens oder Glaubens müssen in Deutschland aufs Schärfste verurteilt zu werden.

Gerade deshalb kann „Das siebte Kreuz" auch heute noch als „Roman gegen die Diktatur schlechthin"[132] und als wichtiges literarisches Werk der Erinnerungskultur gesehen werden, denn „die

---

[129] Süddeutsche Zeitung (Hg.), Mehr als 3500 Angriffe auf Flüchtlinge und Unterkünfte 2016, in: https://www.sueddeutsche.de/news/politik/extremismus-mehr-als-3500-angriffe-auf-fluechtlinge-und-unterkuenfte-2016-dpa.urn-newsml-dpa-com-20090101-170226-99-441383, Zugriff vom 06.10.2018
[130] Deutscher Bundestag (Hg.), Anita Lasker-Wallfisch: Es bleibt die Hoffnung, dass der Verstand siegt, in: https://www.bundestag.de/dokumente/textarchiv/2018/kw05-nachbericht-gedenkstunde/540648, Zugriff vom 06.10.2018
[131] Seghers, A., Das Siebte Kreuz. Ein Roman aus Hitlerdeutschland, Berlin 1946[39], S. 5
[132] Reich-Ranicki, M., Literarischer Schutzwall gegen die DDR, in: Die Zeit vom 10.8.1962

Gesellschaft braucht ein Gedächtnis, [...] um zu wissen, wer wir sind und was wir erwarten können, um uns zu orientieren und zu entwickeln [...]."[133]

[133] Kluger, M. (Hg.), Aleida und Jan Assmann verteidigen Wahrheit, Glaubwürdigkeit und Solidarität, in: www.fnp.de/nachrichten/kultur/Aleida-und-Jan-Assmann-verteidigen-Wahrheit-Glaubwuerdigkeit-und-Solidaritaet;art679,3135462, Zugriff vom 15.10.2018

8. Anhang

Abbildung 1: Anna Seghers[134]

Abbildung 2: Lithographie mit Orginalunterschrift von Anna Seghers[135]

Abbildung 3: Originalausgabe der „Neue Deutsche Blätter"[136]

---

[134] Anna Seghers, www.localus.de/event/2-296239-499735-1295826, Zugriff vom 19.10.2018
[135] Neugebauer, H., Anna Seghers. Ihr Leben und Wirken, Westberlin 1987, S. 7

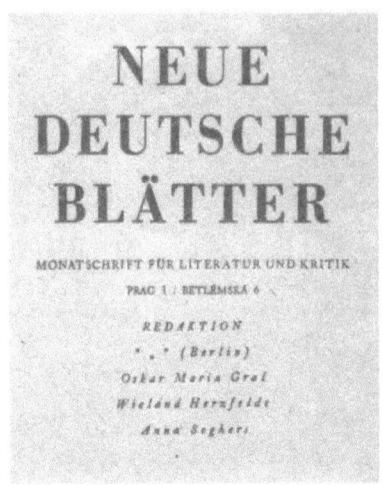

Abbildung 4: Erste Ausgabe in Deutschland, Aufbau-Verlag (1946)[137]

Abbildung 5: Konzentrationslager Osthofen[138]

---

[136] Neugebauer, H., Anna Seghers. Ihr Leben und Wirken, Westberlin 1987, S. 79
[137] Seghers, A./ Sharp, W., Das Siebte Kreuz. Mit den Originalillustrationen von 1942, Berlin 2015, S. 72
[138] KZ Osthofen, in: www.projektosthofen-gedenkstaette.de/index.php?page=6, Zugriff vom 19.10.2018

Abbildung 6: Sieben Kreuze im KZ Westhofen[139]

Abbildung 7: Fluchtweg von Georg Heisler[140]

---

[139] Seghers, A./ Sharp, W., Das Siebte Kreuz. Mit den Originalillustrationen von 1942, Berlin 2015, S. 8
[140] Tischer, H., Anna Seghers: Das Siebte Kreuz, in: Lehmann, J. (Hg.), Deutsche Romane von Grimmelshausen bis Walser. Interpretationen für den Literaturunterricht Band 2, Königstein 1982, S. 338

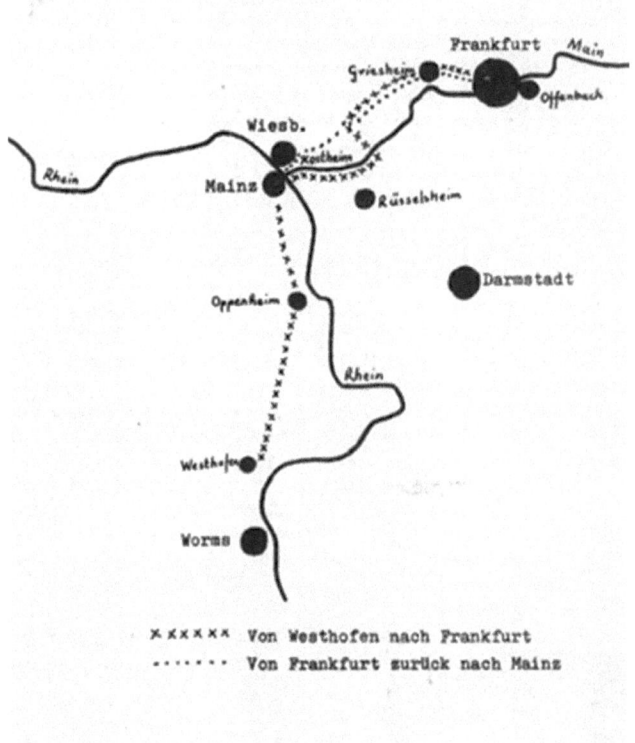

Abb. 2: **Heislers Fluchtweg**

Abbildung 8: Verhör von Ernst Wallau[141]

---

[141] Seghers, A./ Sharp, W., Das Siebte Kreuz. Mit den Originalillustrationen von 1942, Berlin 2015, S. 41

Abbildung 9: Georg Heisler und Ehepaar Kreß[142]

Abbildung 10: Hitler-Jugend Propaganda Plakat[143]

---

[142] Ebd., S. 62
[143] NS-Plakat Hitler-Jugend, in: pressechronik1933.dpmu.de/dokument-ns-plakat-zur-hitler-jugend/, Zugriff vom 20.10.2018

Abbildung 11: Georg Heisler bei Dr. Löwenstein[144]

Abbildung 12: Fahrenberg und Zillich vor einem der sieben Kreuze[145]

---

[144] Seghers, A./ Sharp, W., Das Siebte Kreuz. Mit den Originalillustrationen von 1942, Berlin 2015, S. 27
[145] Seghers, A./ Sharp, W., Das Siebte Kreuz. Mit den Originalillustrationen von 1942, Berlin 2015, S. 45

Abbildung 13: Anita Lasker-Wallfisch im Deutschen Bundestag am 31. Januar 2018[146]

---

[146] Leugnen darf nicht sein, in: https://www.juedische-allgemeine.de/article/view/id/30756, Zugriff vom 20.10.2018

9. Literaturverzeichnis

9.1 Primärliteratur

Seghers, A., Das Siebte Kreuz. Ein Roman aus Hitlerdeutschland, Berlin 1946[39]

9.2 Sekundärliteratur

Bartel, H., Wörterbuch der Geschichte, Berlin 1983

Batt, K., Anna Seghers. Versuch über Entwicklung und Werke, Frankfurt am Main 1980

Beiken, P., Anna Seghers: Das Siebte Kreuz. Das Abenteuer vom gefährlichen und gewöhnlichen Leben, in: (o.H.), Interpretationen: Romane des 20. Jahrhunderts Band 1, Stuttgart 2005

Bernhardt, R., Textanalyse und Interpretation zu Anna Seghers. Das Siebte Kreuz, Hollfeld 2009

Brecht, B., Wahrnehmung, in: Gesammelte Werke Band 10, Frankfurt am Main, 1967

Diersen, I., Das Siebte Kreuz, in: Weimarer Beiträge Heft 12, Berlin 1972

Elsner, U., Anna Seghers. Das Siebte Kreuz, München 1999

Herzefeld W./ Graf O. M./ Seghers A., Neue Deutsche Blätter. Monatszeitschrift für Literatur und Kritik Nr. 1, Prag 1933

Hufer, K., Neue Rechte, altes Denken. Ideologie, Kernbegriffe und Vordenker, Weinheim 2018

Kuschel, K.-J., Jesus in der deutschsprachigen Gegenwartsliteratur, Zürich 1978

Lukacs, G., Skizze einer Geschichte der neuen deutschen Literatur, Berlin 1953

Mayer, P., Das Siebte Kreuz, in: Hilzinger, S. (Hg.), Das Siebte Kreuz von Anna Seghers. Texte, Daten, Bilder, Frankfurt am Main 1990

Merklin, W., Zwischenspiel im exemplarischem Realismus, in: Eugen, K./ Dirks, W. (Hg.), Frankfurter Hefte, Frankfurt 1952

Neugebauer, H., Anna Seghers. Leben und Werk, Westberlin 1978

Reich-Ranicki, M., Literarischer Schutzwall gegen die DDR, in: Die Zeit vom 10.8.1962

Rilla, P., Die Erzählerin Anna Seghers, in: Henschel B. & Sohn, ʹLiteratur, Kritik und Polemik, Berlin 1950

Roos, P./Hassauer-Roos, F., Annäherung an Anna Seghers, in: Roos P., Hassauer-Roos, F.(Hg.), Anna Seghers Materialienbuch, Darmstadt 1977

Roscher, A., Wirklichkeit und Phantasie. Fragen an Anna Seghers, in: Roscher, A. (Hg.), Also fragen Sie mich. Gespräche, Leipzig 1983

Schütz, W., Lexikon Deutsche Geschichte im 20. Jahrhundert, Rosenheim 1990

Seghers, A., Aufsätze, Ansprachen, Essays 1927-1953, Berlin 1984

Seghers, A., Aus dem Briefwechsel der Autorin, in: Weimarer Beiträge, Berlin 1970

Seghers, A., Briefe an Jan Fontain, 24.02.1936

Seghers, A., Briefe an Leser, Berlin 1970

Seghers, A./ Sharp, W., Das Siebte Kreuz. Mit den Originalillustrationen von 1942, Berlin 2015

Spieß, B., Das Potenzial des Widerstehens. Gemeinschaft, Geschichte, Landschaft, in: Spieß, B./

Spieß, B., Das Potenzial des Widerstehens. Gemeinschaft, Geschichte, Landschaft, in: Spieß, B./
Fehervary H.(Hg.), Anna Seghers. Werkausgabe Band 4, Berlin 2000

Stephan, A., Anna Seghers: Das Siebte Kreuz. Welt und Wirkung eines Romans, Berlin 1997

Thomas, L., Das Interview. Anna Seghers in Berlin, in: o.H., Sonntag. Nr. 17, Berlin 1947

Tischer, H., Anna Seghers: Das Siebte Kreuz, in: Lehmann, H. (Hg.), Deutsche Romane von
Grimmelshausen bis Walser. Interpretationen für den Literaturunterricht Band 2, Königstein 1982

Türcke, C., Martyrium, in: Die Zeit. Nr. 4, Hamburg 1.4.1994

Wolf, C., Nachwort, in: Seghers, A. (Hg.), Das Siebte Kreuz, Berlin 1964

Zehl-Romero, C., Anna Seghers. Eine Biographie 1900-1947, Berlin 2000

Zimmer, M., Anna Seghers. Das Siebte Kreuz, Hollfeld 1995

Zuckmayer, C., in: Mehner, A. (Hg.), Das besondere Dokument, Hamburg 2008

Interview: Seghers, A., Zum Schulfunk (Das Siebte Kreuz), Typoskript, Berlin o.D.

9.3 Internetquellen

Deutsche Bundesregierung (Hg.), Sommerpressekonferenz von Bundeskanzlerin Merkel,
https://www.bundesregierung.de/breg-de/aktuelles/pressekonferenzen/sommerpressekonferenz-von-
bundeskanzlerin-merkel-848300, Zugriff vom 03.10.2018

Deutscher Bundestag (Hg.), Anita Lasker-Wallfisch: Es bleibt die Hoffnung, dass der Verstand siegt,
in: https://www.bundestag.de/dokumente/textarchiv/2018/kw05-nachbericht-gedenkstunde/540648,
Zugriff vom 06.10.2018

Heisler, J., Merkels drei große kleine Worte, in: https://www.tagesschau.de/inland/merkel-wir-
schaffen-das-101.html, Zugriff vom 03.10.2018

Kluger, M. (Hg.), Aleida und Jan Assmann verteidigen Wahrheit, Glaubwürdigkeit und Solidarität, in: www.fnp.de/nachrichten/kultur/Aleida-und-Jan-Assmann-verteidigen-Wahrheit-Glaubwuerdigkeit-und-Solidaritaet;art679,3135462, Zugriff vom 15.10.2018

Sauerwein, T., Hitlerjugend, in: https://www.historisches-lexikon-bayerns.de/Lexikon/Hitlerjugend_(HJ),_1926-1945, Zugriff vom 20.10.2018

Stern (Hg.), Die Macht der Rhetorik, in: https://www.stern.de/politik/geschichte/sportpalast-rede-die-macht-der-rhetorik-3350756.html, Zugriff vom 03.10.2018

Süddeutsche Zeitung (Hg.), Die Höcke-Rede von Dresden in Wortlaut-Auszügen https://www.sueddeutsche.de/news/politik/parteien-die-hoecke-rede-von-dresden-in-wortlaut-auszuegen- dpa.urn-newsml-dpa-com-20090101-170118-99-928143, Zugriff vom 03.10.1018

Süddeutsche Zeitung (Hg.), Mehr als 3500 Angriffe auf Flüchtlinge und Unterkünfte 2016, in: https://www.sueddeutsche.de/news/politik/extremismus-mehr-als-3500-angriffe-auf-fluechtlinge-und-unterkuenfte-2016-dpa.urn-newsml-dpa-com-20090101-170226-99-441383, Zugriff vom 06.10.2018

9.4 Bildquellen

Abb. 1: Fotografie von Anna Seghers

www.localus.de/event/2-296239-499735-1295826, Zugriff vom 19.10.2018

Abb. 2: Lithographie mit Orginalunterschrift von Anna Seghers

Neugebauer, H., Anna Seghers. Ihr Leben und Wirken, Westberlin 1987, S. 7

Abb. 3: Originalausgabe der „Neue Deutsche Blätter"

Neugebauer, H., Anna Seghers. Ihr Leben und Wirken, Westberlin 1987, S. 79

Abb. 4: Erste Ausgabe in Deutschland, Aufbau-Verlag (1946)

Seghers, A./ Sharp, W., Das Siebte Kreuz. Mit den Originalillustrationen von 1942, Berlin 2015, S. 72

Abb. 5: KZ Osthofen

www.projektosthofen-gedenkstaette.de/index.php?page=6, Zugriff vom 19.10.2018

Abb. 6: Sieben Kreuze im KZ Westhofen

Seghers, A./ Sharp, W., Das Siebte Kreuz. Mit den Originalillustrationen von 1942, Berlin 2015, S. 8

Abb. 7: Fluchtweg von Georg Heisler

Tischer, H., Anna Seghers: Das Siebte Kreuz, in: Lehmann, J. (Hg.), Deutsche Romane von Grimmelshausen bis Walser. Interpretationen für den Literaturunterricht Band 2, Königstein 1982, S. 338

Abb. 8: Verhör von Ernst Wallau

Seghers, A./ Sharp, W., Das Siebte Kreuz. Mit den Originalillustrationen von 1942, Berlin 2015, S. 41

Abb. 9: Georg Heisler und Ehepaar Kreß

Seghers, A./ Sharp, W., Das Siebte Kreuz. Mit den Originalillustrationen von 1942, Berlin 2015, S. 62

Abb. 10: Hitler-Jugend Propaganda Plakat

www.pressechronik1933.dpmu.de/dokument-ns-plakat-zur-hitler-jugend/, Zugriff vom 20.10.2018

Abb. 11: Georg Heisler bei Dr. Löwenstein

Seghers, A./ Sharp, W., Das Siebte Kreuz. Mit den Originalillustrationen von 1942, Berlin 2015, S. 26

Abb. 12: Fahrenberg und Zillich vor einem der sieben Kreuze

Seghers, A./ Sharp, W., Das Siebte Kreuz. Mit den Originalillustrationen von 1942, Berlin 2015, S. 45

Abb. 13: Anita Lasker-Wallfisch im Deutschen Bundestag am 31. Januar 2018

https://www.juedische-allgemeine.de/article/view/id/30756, Zugriff vom 20.10.2018

10. Abkürzungsverzeichnis

AfD .... Alternative für Deutschland

Gestapo .... Geheime Staatspolizei

KPD .... Kommunistische Partei Deutschland

KZ .... Konzentrationslager

Nazi .... Nationalsozialist

NS .... Nationalsozialismus

NSDAP .... Nationalsozialistische Deutsche Arbeiterpartei

PEGIDA .... Patriotische Europäer gegen die Islamisierung des Abendlands

SA .... Sturmabteilung

SS .... Schutzstaffel

UNHCR .... United Nations High Commissioner of Refugees